Schöningh

EinFach Deutsch
Unterrichtsmodell

Günter Grass

Im Krebsgang

Erarbeitet von
Olaf Hildebrand

Herausgegeben von
Johannes Diekhans

Baustein 4: Der Rechtsextremismus und das Internet (S. 67–81 im Modell)			
4.1	Die Ursachen für Konrads Rechtsextremismus	S. 50, 73, S. 193–196, 210f.	Tafelbild Arbeitsblatt 20
4.2	Der Prozess vor dem Schweriner Landgericht	S. 178–189, 193–197	Simulation der Gerichtsverhandlung Arbeitsblatt 21 Zusatzmaterialien 4–5
4.3	Virtuelle Schlachten – die Gefahr des Internets	S. 47ff., 68, 198	Analytische Interpretation Tafelbild
4.4	Die rechtsextreme Szene im Internet – eine Bestandsaufnahme		Internet-Recherche Arbeitsblätter 22–23

Baustein 5: Formanalyse: Erzählweise, Sprache, Gattung (S. 82–100 im Modell)			
5.1	Das sprachliche Profil der Hauptfiguren	S. 11f., 31, 190ff.	Textanalyse (Gruppenarbeit); Tafelbild Arbeitsblätter 24–28
5.2	Novelle oder Bericht? Zur Frage nach der Textgattung	S. 123	Diskussion Tafelbild Arbeitsblatt 29
5.3	Erzählen „im Krebsgang" – die Bedeutung der Titelmetapher	S. 8f., 18, 77–98, 107, 176	Tafelbild Arbeitsblätter 30–31
5.4	Der Ich-Erzähler und sein Auftraggeber	S. 7, 30, 34f., 77f., 99, 123, 136, 199	Tafelbild Arbeitsblatt 32
5.5	Filmanalyse: *Nacht fiel über Gotenhafen*	S. 123–150	Zusatzmaterial 9

Baustein 6: Die Novelle in der Kritik (S. 101–114 im Modell)			
6.1	Funktionen der Literaturkritik	Gesamtlektüre	Tafelbilder Zusatzmaterial 10
6.2	Analyse von Original-Rezensionen	Gesamtlektüre	Textanalyse Arbeitsblätter 33–38
6.3	Podiumsdiskussion/Talkshow	Gesamtlektüre	Simulation einer Talkshow

Baustein 7: Günter Grass. Autor und Werk (S. 115–123 im Modell)			
7.1	Der Künstler Günter Grass		Textarbeit, Rezitation, Szenisches Spiel, Schreibauftrag, Gruppenarbeit Arbeitsblätter 39–42
7.2	Der Nobelpreis für Literatur		Textarbeit, Internet-Recherche Tafelbild Arbeitsblatt 43

Im Krebsgang

Baustein 1: Mögliche Einstiege in die Unterrichtsreihe (S. 20–26 im Modell)

1.1	„Warum erst jetzt?“ – Analyse des Erzählanfangs	S. 7	Schreibauftrag: Kreative Ausgestaltung der Leerstellen im ersten Absatz Tafelbild
1.2	Gestaltung alternativer Buchumschläge	Gesamtlektüre	Erstellen von Bildern/Collagen (Gruppenarbeit) Zusatzmaterial 1–2
1.3	Leitfragen an den Text stellen	Gesamtlektüre	Kartenabfrage und Klassenposter
1.4	Lesetagebuch und Lektüretest	Gesamtlektüre	Arbeitsblätter 1–2

Baustein 2: Der historische Kontext (S. 27–52 im Modell)

2.1	Die nationalsozialistische Freizeitorganisation „Kraft durch Freude“	S. 32f., 39ff., 52, 66f., 190	Textarbeit Tafelbild Arbeitsblatt 3
2.2	Die Flucht aus Ostpreußen		Textarbeit/ Gruppenpuzzle Arbeitsblätter 4–9 Zusatzmaterial 3
2.3	Die Deutschen – ein Volk von Opfern?		Diskussion/Textarbeit Arbeitsblätter 10–12
2.4	Die Geschichte der *Gustloff* und die Hauptfiguren im Überblick	S. 80, 84, 109 Gesamtlektüre	Erarbeitung eines Strukturmodells Tafelbild Arbeitsblätter 13–14

Baustein 3: Die Familie Pokriefke (Die fiktionalen Hauptfiguren) (S. 53–66 im Modell)

3.1	Die Familie Pokriefke	Gesamtlektüre	Mal- und Schreibauftrag: Erstellen von Figurenpostern (Gruppenarbeit) Arbeitsblätter 15–16
3.2	Familien-Soziogramm	Gesamtlektüre	Grafische und szenische Darstellung Tafelbild
3.3	Der Ich-Erzähler Paul Pokriefke	S. 22, 31, 86f., 116, 145	Analytische Interpretation Tafelbild Arbeitsblätter 17–18
3.4	Die Enkel am Gustloff-Denkmal (I)	S. 151–175	Fantasiereise, Szenische Interpretation durch Standbilder/ Stimmenskulptur
3.5	Die Enkel am Gustloff-Denkmal (II)	S. 174f.	Gestaltende Interpretation Schreibkonferenz/ Textlupe Arbeitsblatt 19

Bildnachweis

S. 19, 135: DER SPIEGEL – **S. 35, 51:** picture-alliance/akg-images – **S. 37:** © Deutsches Historisches Museum Berlin – **S. 38 oben, 47:** Ullstein Bilderdienst – **S. 38 unten, 51:** aus: SPIEGEL special 2/2002, S. 31 bzw. 15 – **S. 48:** picture-alliance/dpa – **S. 98, 99, 120, 126:** © Günter Grass/Steidl Verlag – **S. 124:** www.wilhelmgustloff.com – **S. 125 oben:** picture-alliance/dpa-Fotoreport; **unten:** © Uwe Noelke – **S. 133:** © 2000 by Studio Hanecke, Essen – **S. 134:** mit freundlicher Genehmigung © Verlag für Filmschriften Christian Unucka, 85241 Hebertshausen – **S. 136:** © dpa

www.schoeningh-schulbuch.de
Schöningh Verlag, Jühenplatz 1–3, 33098 Paderborn

Druck A 5 4 3 / Jahr 2017 16 15
Alle Drucke der Serie A sind im Unterricht parallel verwendbar.
Die letzte Zahl bezeichnet das Jahr dieses Druckes.

Umschlaggestaltung: Jennifer Kirchhof
Druck und Bindung: westermann druck GmbH, Braunschweig

ISBN 978-3-14-022321-8

Vorwort

Der vorliegende Band ist Teil einer Reihe, die Lehrerinnen und Lehrern erprobte und an den Bedürfnissen der Schulpraxis orientierte Unterrichtsmodelle zu ausgewählten Ganzschriften und weiteren relevanten Themen des Faches Deutsch bietet.
Im Mittelpunkt der Modelle stehen Bausteine, die jeweils thematische Schwerpunkte mit entsprechenden Untergliederungen beinhalten.
In übersichtlich gestalteter Form erhält der Benutzer/die Benutzerin zunächst einen Überblick zu den im Modell ausführlich behandelten Bausteinen.

Es folgen:

- Hinweise zu den Handlungsträgern
- Zusammenfassung des Inhalts und der Handlungsstruktur
- Vorüberlegungen zum Einsatz des Buches im Unterricht
- Hinweise zur Konzeption des Modells
- Ausführliche Darstellung der einzelnen Bausteine
- Zusatzmaterialien

Ein besonderes Merkmal der Unterrichtsmodelle ist die Praxisorientierung. Enthalten sind kopierfähige Arbeitsblätter, Vorschläge für Klassen- und Kursarbeiten, Tafelbilder, konkrete Arbeitsaufträge, Projektvorschläge. Handlungsorientierte Methoden sind in gleicher Weise berücksichtigt wie eher traditionelle Verfahren der Texterschließung und -bearbeitung.
Das Bausteinprinzip ermöglicht es dabei den Benutzern, Unterrichtsreihen in unterschiedlicher Weise und mit unterschiedlichen thematischen Akzentuierungen zu konzipieren. Auf diese Weise erleichtern die Modelle die Unterrichtsvorbereitung und tragen zu einer Entlastung der Benutzer bei.

Das vorliegende Modell bezieht sich auf folgende Textausgabe: Günter Grass: Im Krebsgang. München: Deutscher Taschenbuch Verlag 2004 (dtv 13176). ISBN: 3-423-13176-4

Aus urheberrechtlichen Gründen sind die Texte von Günter Grass nicht in reformierter Schreibung wiedergegeben.

Arbeitsfrage
Einzelarbeit
Partnerarbeit
Gruppenarbeit
Unterrichtsgespräch
Schreibauftrag
szenisches Spiel, Rollenspiel
Mal- und Zeichenauftrag
Bastelauftrag
Projekt, offene Aufgabe

Inhaltsverzeichnis

Im Krebsgang

Die Hauptpersonen

Historische Personen:

Robert Ley: geboren 1890, tritt 1923 in die NSDAP ein und steigt 1925 zum „Gauleiter", 1932 zum „Reichsorganisationsleiter" der Partei auf. Er wird 1933 von Hitler mit der Liquidierung der freien Gewerkschaften und danach mit der Gründung der Staatsgewerkschaft „Deutsche Arbeitsfront" beauftragt. Die „NS-Gemeinschaft Kraft durch Freude", zu deren Flotte die *Wilhelm Gustloff* gehörte, ruft er als Unterorganisation der „Arbeitsfront" ins Leben. Sie hatte die Aufgabe, die deutschen Arbeiter durch attraktive Freizeitangebote zu bedingungslosen Anhängern des Nationalsozialismus zu machen. Ley entzieht sich dem Internationalen Militärtribunal in Nürnberg am 26.10.1945 durch Selbstmord.

Wilhelm Gustloff: wird am 30.1.1895 in Schwerin (Mecklenburg) geboren und absolviert nach der Mittleren Reife eine Banklehre. Um ein Lungenleiden auszukurieren, geht er 1917 in die Schweiz, wo er zunächst an einem Meteorologischen Institut arbeitet. Als glühender Anhänger Adolf Hitlers tritt er 1929 in die „Nationalsozialistische Deutsche Arbeiterpartei" ein. Als er ein Jahr später den „Stützpunkt Davos" der NSDAP gründet, wird er von Hitler zum „Landesgruppenleiter Schweiz der NSDAP" ernannt. Er organisiert Propaganda-Veranstaltungen, wirbt Parteimitglieder und lässt die Aktivitäten deutscher Staatsbürger in der Schweiz überwachen.
Am 4. Februar 1936 wird er in seiner Davoser Privatwohnung von dem jüdischen Medizinstudenten David Frankfurter erschossen. Die NSDAP veranstaltet ein Staatsbegräbnis in Schwerin, setzt ihm dort ein Denkmal und stilisiert ihn zum „Blutzeugen" der nationalsozialistischen Bewegung. Im Beisein Hitlers und der Witwe Gustloffs wird ein neu gebauter „Kraft durch Freude"-Dampfer 1938 in Hamburg auf seinen Namen getauft.

David Frankfurter: wird als Sohn eines Rabbiners 1909 im serbischen Daruvar geboren. Da er von Geburt an krank ist – er leidet an Knochenhautentzündung –, entschließt er sich zum Studium der Medizin, das er 1929 in Wien beginnt, dann in Leipzig, Berlin, Frankfurt und Bern ohne Abschluss fortsetzt. In Frankfurt erlebt er Bücherverbrennungen und antisemitische Übergriffe und flieht im Oktober 1933 in die Schweiz. Frankfurter leidet unter Depressionen und hegt Suizidgedanken. Am 4. Februar 1936 besucht er den „Landesgruppenleiter Schweiz der NSDAP" Wilhelm Gustloff in dessen Davoser Privatwohnung und erschießt ihn mit vier Revolverschüssen. Er bekennt sich zu seiner Tat und wird in Chur zu einer 18-jährigen Zuchthausstrafe verurteilt, die er aber dank seiner Begnadigung im Januar 1945 nur halb verbüßt. Nach seiner Entlassung aus der Haft beschließt er, „nach Palästina auszureisen, hoffend auf ein zukünftiges Israel" (159). Er wird Beamter in Israels Verteidigungsministerium, gründet eine Familie und stirbt 1984.

Alexander Marinesko: wird 1913 in Odessa geboren. Er arbeitet als Schiffsmaat bei der Handelsmarine und wechselt dann zur Kriegsmarine, wo er zum U-Boot-Fahrer ausgebildet wird. In der Stalin-Ära wird er Kommandant eines U-Bootes, fällt aber wegen exzessiven Alkoholkonsums und Prügeleien in Ungnade. Eine Chance zur Rehabilitierung erhält er bei einem Kriegsmanöver in der Ostsee. Man überträgt ihm die Kommandantur des neuen U-Bootes *S 13*, das am 30. Januar unter seiner Leitung die *Wilhelm Gustloff* mit drei Torpedotreffern versenkt. Trotz seiner Erfolge – er hält von allen sowjetischen U-Boot-Kapitänen des Zweiten Weltkriegs den Rekord für die größte während einer einzigen Feindfahrt versenkte Tonnage – wird er nach Kriegsende degradiert und später aus der Armee entlassen. Wegen angeblichen Diebstahls bei einem späteren Arbeitgeber muss er 18 Monate ins Arbeitslager nach Sibirien, 1963 stirbt er an Krebs. Von Michail Gorbatschow wird er 1990 postum zum „Held der Sowjetunion" erklärt und mit einem Denkmal in Kaliningrad geehrt.

Fiktionale Figuren:

Tulla Pokriefke: Die Mutter des Ich-Erzählers Paul Pokriefke ist eine bereits in Grass' *Danziger Trilogie* auftretende Romanfigur. Ursprünglich war sie als Schwester des Oskar Matzerath aus der *Blechtrommel* konzipiert, wurde dann aber von Grass in der Novelle *Katz und Maus* und in dem Roman *Hundejahre* zu einer Hauptfigur entwickelt. Sie wird am 11.6.1927 in Danzig-Langfuhr geboren und auf den Namen „Ursula" getauft. Ihr jüngerer Bruder Konrad stirbt früh durch ein Badeunglück. Ihr Vater August Pokriefke ist Hilfsarbeiter bei ihrem Onkel, dem Tischlermeister Liebenau, in dessen Mietshaus sie mit ihren Eltern aufwächst. Schon früh pflegt sie Umgang mit dem anderen Geschlecht und muss wegen „unsittlicher" Beziehungen zu verschiedenen Männern die Schule verlassen. Als sie mit 16 schwanger wird, treibt sie das Kind durch Sprünge von der Straßenbahn ab. Unklar bleibt, ob ihr Cousin Harry Liebenau tatsächlich der Vater von Paul ist. Außer der sinnlichen hat Tulla auch eine bösartige Seite: Sie hetzt ihren Schäferhund „Harras" auf Menschen, bringt ihren Geschichtslehrer Oswald Brunies durch eine Denunziation ins Konzentrationslager und lässt sich zu antisemitischen Parolen hinreißen. 1944 wird sie Straßenbahnschaffnerin in Danzig. Da ihre Eltern 1939 an einer Erholungsfahrt auf der *Gustloff* teilgenommen haben, flieht die Familie im Januar 1945 mit der hochschwangeren Tulla nach Gotenhafen, um auf der *Gustloff* der Roten Armee zu entkommen. Tulla überlebt den Untergang des Schiffes, ihr Sohn wird in der Unglücksnacht geboren. Als „Umsiedlerin" macht sie in der DDR (Schwerin) eine Tischlerlehre, nach ihrem Meister wird sie 1953 Mitglied der SED und leitet eine Tischlereibrigade. Ihrem Enkel Konrad, der zu ihr nach Schwerin zieht, schenkt sie 1995 einen Computer, damit er über das Schiffsunglück „Zeugnis ablegen" kann.

Paul Pokriefke: Der Ich-Erzähler wird am 30. Januar 1945, dem Tag des Untergangs der *Gustloff*, auf dem Schiff selbst oder auf dem rettenden Beiboot

Löwe als Sohn von Tulla Pokriefke geboren. Das Geburtsdatum empfindet er als „Fluch", da es ihm eine schwere historische Verantwortung auferlegt, der er nicht gerecht werden kann. Er wächst bei seiner Mutter in Schwerin auf, verlässt aber 1961 noch vor dem Mauerbau als Jugendlicher die DDR und geht nach West-Berlin, wo er nach dem Abitur ein Studium der Germanistik und Publizistik beginnt und bei Tullas ehemaliger Schulfreundin Jenny Brunies wohnt. 1967 bricht er das Studium ab, arbeitet als Pressevolontär, später als Journalist sowohl für die konservative Springer-Presse wie für die linke „taz", ohne politische Überzeugung und ohne Erfolg. Als „Person von eher dürftigem Profil" (78) bezeichnet ihn der namenlos bleibende „Alte", der ihn beauftragt, über die *Gustloff* und ihren Untergang zu schreiben. Für seine Mutter Tulla ist er der „typische Versager" (43). Tatsächlich geht nach Pauls Ehe mit der Studienrätin Gabi auch die Beziehung zu ihrem gemeinsamen Sohn Konrad in die Brüche, und die beruflichen Ambitionen als Journalist und Sachbuchautor laufen ins Leere. Als er bei seinen Recherchen über die *Gustloff* auf die rechtsextreme Internetseite „www.blutzeuge.de" stößt, muss er bald erkennen, dass sie von seinem eigenen Sohn betrieben wird. Paul besucht ihn später im Gefängnis und versucht, ein neues, vertrauensvolles Verhältnis zu ihm aufzubauen.

Konrad Pokriefke: wird 1980 als Sohn des Ich-Erzählers Paul Pokriefke und dessen Ehefrau Gabriele geboren. Die wegen der Schwangerschaft geschlossene Ehe der Eltern wird 1987 geschieden. Konrad zieht mit seiner Mutter nach Mölln, wo er das Gymnasium besucht und Kontakt zur rechten Szene aufnimmt. Seine Freundin Rosi trifft er nur selten. Nach der Wiedervereinigung zieht er zu seiner Großmutter Tulla Pokriefke nach Schwerin, die ihn mit ihrer „Story vom ewigsinkenden Schiff" fasziniert und ihm einen Computer schenkt, mit dem er eine rechtsextremistische Homepage über den „Blutzeugen" Wilhelm Gustloff aufbaut. Im Chat mit einem gleichaltrigen Schüler liefert er sich ideologische Gefechte über den Mord an Gustloff und dessen geschichtliche Bedeutung. Am 20. April 1997 erschießt er seinen Chat-Partner und politischen Kontrahenten Wolfgang Stremplin am ehemaligen Gustloff-Denkmal in Schwerin und wird zu einer siebenjährigen Jugendhaftstrafe verurteilt. In der Haftanstalt baut er ein Modell der *Gustloff* nach, zerstört es dann aber im Beisein seines Vaters und schließt so mit der Geschichte des Schiffes und seines Namengebers ab.

Wolfgang Stremplin: Der achtzehnjährige Gymnasiast aus Karlsruhe ist der Gegenspieler Konrads in den Chat-Diskussionen, die er unter dem Decknamen „David" mit Konrad führt, weil er sich in fanatischer Weise mit der jüdischen Opferrolle identifiziert. In seinem Elternhaus sitzt er oft tagelang vor dem Computer und eignet sich Wissen über den Holocaust an, dabei trägt er die jüdische Kippa und verlangt, dass man zu Hause fortan „koscheres" Essen zubereite. Die liberalen Eltern sind ratlos und erleben ihren Sohn als „Sonderling". Als er aufgrund einer Verabredung mit Konrad am 20. April 1997 nach Schwerin reist, wird er, nachdem er das Fundament des ehemaligen Gustloff-Denkmals bespuckt hat, von Konrad erschossen.

Gabriele:

Die stets „Gabi" genannte Mutter von Konrad zieht nach der Trennung von Paul Pokriefke, mit dem sie sieben Jahre lang verheiratet war, nach Mölln und arbeitet dort als Gymnasiallehrerin. Als Mitglied der GEW (Gewerkschaft und Erziehung) engagiert sie sich ehrenamtlich für ein liberales und tolerantes Erziehungswesen, verliert aber bald jeden Einfluss auf ihren Sohn, der ihre Positionen als „linkslastig" (117) ablehnt.

Rosi:

Die junge Zahnarzthelferin aus Ratzeburg ist Konrads Freundin. Als er nach Schwerin zieht, sehen sie sich nur noch selten. Im Prozess gegen Konrad wird sie als Zeugin vernommen. Sie hält auch nach dessen Mordtat treu zu ihm und besucht ihn regelmäßig im Gefängnis.

Jenny Brunies:

Die 1926 geborene Schulfreundin Tulla Pokriefkes stammt aus Danzig, wo sie als Adoptivtochter des Studienrats Brunies aufgewachsen ist, nachdem sie Zigeuner ausgesetzt hatten. Tulla und Jenny waren mit Harry Liebenau, dem angeblichen Vater Paul Pokriefkes, befreundet, weshalb eine Rivalität zwischen ihnen bestand, die sich in vielen Bosheiten Tullas entlud. Jenny wurde Tänzerin in Berlin, ihre Ballettkarriere endete aber abrupt, als sie bei einem Bombenangriff die Zehen beider Füße verlor. Sie nimmt den jungen Paul Pokriefke nach dessen Fortgang aus Schwerin in ihre West-Berliner Wohnung auf.

Der Alte (Jemand):

beauftragt Paul Pokriefke, als Überlebender über die Katastrophe der *Wilhelm Gustloff* zu schreiben. Der ehemalige Dozent der Technischen Universität Berlin hat den „Bummelstudent" Paul Pokriefke Mitte der 1960er-Jahre kennengelernt und ihn nun aus „der Versenkung geholt" (30), damit er als sein „ghostwriter" (ebd.) sich des lange verdrängten und von ihm selbst vernachlässigten Themas *Gustloff* annehme. Da er selbst – wie der reale Autor Günter Grass – 1927 geboren wurde und einen Roman namens *Hundejahre* geschrieben hat, wird hinter der fiktionalen Figur des Auftraggebers der Novellenautor sichtbar, der diese Konstellation u. a. deshalb fingiert, um sein eigenes „Versagen" gegenüber dem Flüchtlingsschicksal der Ostpreußen zu thematisieren. In regelmäßigen „Arbeitsgesprächen" (77) schaltet er sich (jeweils am Anfang der neun Kapitel) in den Gang der Erzählung ein und verleiht so dem Text eine metanarrative Dimension.

Inhalt der Novelle

In der 2002 erschienenen Novelle *Im Krebsgang* erzählt Günter Grass von dem wohl größten Schiffsunglück der Geschichte, dem Untergang der *Wilhelm Gustloff* am 30. Januar 1945 in der Ostsee. Das luxuriöse Kreuzfahrtschiff war im Auftrag der Nationalsozialisten als Propagandainstrument für die „klassenlose Volksgemeinschaft" gebaut worden; es sank, getroffen von russischen Torpedos, am zwölften Jahrestag von Hitlers Machtergreifung mit über 10 000 Menschen an Bord, die auf der Flucht vor der Roten Armee ihr Leben retten wollten. So wurde das Traumschiff des Dritten Reichs für fast 9000 Menschen zum eisernen Sarg. Es versinnbildlicht Hochmut und Fall, Glanz und Elend, Anfang und Ende der nationalsozialistischen Schreckensherrschaft. Indem Grass an das Elend der ostpreußischen Flüchtlinge erinnerte, löste er eine heftige Debatte über die „Opferrolle" der Deutschen im Zweiten Weltkrieg aus. Doch ist *Im Krebsgang* keine bloß historische Novelle. Grass begnügt sich nicht mit der Rekonstruktion des lange verdrängten Schiffsunglücks. Vielmehr handelt die Novelle auch von den Nachwirkungen der Katastrophe und zeigt, wie die Kinder und Enkelkinder der Flüchtlingsgeneration noch Jahrzehnte später in den Strudel des Untergangs hineingezogen werden. An drei Generationen der Familie Pokriefke verdeutlicht er den anhaltenden Einfluss der Vergangenheit auf unsere Gegenwart und Zukunft.

Der Ich-Erzähler Paul Pokriefke wurde in der Nacht des Schiffsunglücks an Bord der *Gustloff* oder auf einem rettenden Beiboot geboren. Seine Mutter Tulla Pokriefke drängt ihn, „Zeugnis abzulegen" und über das Schicksal der *Gustloff* zu berichten, doch kann sich Paul, der gescheiterte Journalist, nicht dazu entschließen, weil er weiß, dass das Thema in Deutschland mit einem Tabu belegt ist. Erst als ihn ein älterer, anonym bleibender Schriftsteller beauftragt, als sein „ghostwriter" über die Schiffskatastrophe zu schreiben, macht er sich ans Werk. Bei seinen Recherchen stößt er im Internet auf die Seite „www.blutzeuge.de", auf welcher Wilhelm Gustloff, der ehemalige Landesgruppenleiter der NSDAP in der Schweiz, als Vorbild verherrlicht wird (Kap. 1). Er beginnt über den Namenspatron des Schiffes und das im Februar 1936 von dem jüdischen Medizinstudenten David Frankfurter auf ihn verübte Attentat zu schreiben, geht also zunächst der Vorgeschichte der Schiffskatastrophe nach. Parallel dazu erzählt er die Lebensgeschichte des russischen U-Bootkommandanten Alexander Marinesko, der die *Gustloff* versenkt hat. Die Biografien von Wilhelm Gustloff, David Frankfurter und Alexander Marinesko bilden drei historische Erzählstränge, die kunstvoll miteinander verwoben und zugleich von weiteren Erzählsträngen überlagert werden, die sich den fiktionalen Figuren der Familie Pokriefke widmen (Kap. 1–6).
Angewidert und doch auch fasziniert verfolgt Paul die im Internet verbreitete Propaganda über Wilhelm Gustloff und das auf seinen Namen getaufte Passagierschiff. Bald muss er mit Entsetzen feststellen, dass hinter der Seite „www.blutzeuge.de", welche angeblich von der „Kameradschaft Schwerin" betrieben wird, sein eigener Sohn Konrad als Urheber steckt (Kap. 2). Der 17-jährige Gymnasiast unterhält Kontakte zum rechtsextremen Milieu und interessiert sich leidenschaftlich für Wilhelm Gustloff und den Nationalsozialismus. Nach der Trennung seiner Eltern ist er zu seiner Großmutter Tulla nach Schwerin gezogen. Sie erzählt ihm von der *Gustloff* und ist stolz auf ihren Enkel, weil er sich der verdrängten Geschichte annimmt. Um ihn zu unterstützen, kauft sie ihm einen Computer, von dem aus er seine rechtsradikale Internetseite betreibt. Unter dem „nickname" Wilhelm liefert er sich ideologische Gefechte mit einem Chat-Partner namens „David", der die Rolle des jüdischen Gegenspielers einnimmt (Kap. 2–6). Hinter ihm verbirgt sich Wolfgang Stremplin, ein gleichaltriger Gymnasiast aus Lübeck, der sich im Widerstand gegen die Geschichtsvergessenheit seiner Eltern zum radikalen Philosemiten entwickelt hat. Aus den virtuellen Hassorgien der beiden Chatter wird bald blutige Realität: Die beiden Schüler treffen sich am 20. April 1997

in Schwerin. Als Wolfgang in der Nähe der Schweriner Jugendherberge auf das Fundament des ehemaligen Gustloff-Denkmals spuckt, tötet ihn Konrad mit vier Revolverschüssen und stellt sich anschließend der Polizei (Kap. 7). Vor Gericht gibt er an, dass er mit seiner Tat den Mord an dem Landesgruppenleiter habe rächen wollen. Er hält eine Rede über die „positiven sozialen Aspekte" der nationalsozialistischen Gemeinschaft „Kraft durch Freude", der die *Gustloff* angehörte, und zeigt keinerlei Reue. Daraufhin wird er zu einer siebenjährigen Jugendhaftstrafe verurteilt (Kap. 8).
In der Haftanstalt gibt Konrad Computerkurse und baut die *Wilhelm Gustloff* als Modellbauschiff nach. Beim Besuch seines Vaters gibt er ihm indirekt eine Mitschuld an den Ereignissen. In Pauls Anwesenheit zertrümmert er das Modellbauschiff und schließt so symbolisch mit der *Gustloff* ab. Doch schon meldet sich im Internet eine „Kameradschaft Konrad Pokriefke" zu Wort, die den Mörder Wolfgang Stremplins als Vorbild verehrt (Kap. 9). Die letzten – pessimistischen – Sätze der Novelle lauten daher: „Das hört nicht auf. Nie hört das auf." (216)

In der Verknüpfung der historischen und fiktionalen Stränge, der vergangenen und gegenwärtigen Ereignisse entsteht ein komplexes narratives Gewebe „im Krebsgang". Die Titelmetapher der Novelle verweist auf ein erzähltechnisches Verfahren, das die chronologische Ordnung verletzt und der Zeit stattdessen „schrägläufig in die Quere kommt", indem es „nach Art der Krebse" rückwärts zu gehen scheint, um doch in Wahrheit „ziemlich schnell voran[zu]kommen" (8f.). Durch das Erzählen „im Krebsgang" wird statt des *Nacheinanders* ein *Nebeneinander* der Ereignisse und damit eine unheimliche Verbindung zwischen Gestern und Heute sichtbar. Tabuisierung führt irgendwann zur Radikalisierung, so lehrt diese Novelle von Grass. Dass er nicht schon viel früher über das Thema geschrieben hat, wirft sich der Autor am Ende seines Lebens vor. Deshalb der alte Auftraggeber, der selbst nicht mehr schreiben kann und einen „ghostwriter" braucht. Doch bleibt das Ganze ein metafiktionales Spiel – allen Selbstanklagen zum Trotz hat Grass mit *Im Krebsgang* ein wichtiges Buch geschrieben.

Vorüberlegungen zum Einsatz der Novelle im Unterricht

Im Literaturunterricht der gymnasialen Oberstufe sollen Schüler Zugänge zu verschiedenen Weltbildern erhalten, ihren Problemhorizont altersangemessen erweitern und Texte als sprachliche Kunstwerke würdigen. Die ausgewählten Texte müssen daher sowohl in thematischer wie in sprachlicher und formalästhetischer Hinsicht hohen Qualitätsansprüchen genügen. Es liegt auf der Hand, dass diese Forderungen nicht leicht zu erfüllen sind, zumal das Lesen in der Schule heute unter erschwerten Bedingungen stattfindet. Eine von Fernsehen und Internet dominierte Medienkultur, die auf gezielte Tabubrüche setzt, überflutet die Heranwachsenden mit Informationen und Bildern und lässt wenig Raum für die Lektüre anspruchsvoller Texte. Umso mehr ist bei der Auswahl literarischer Texte darauf zu achten, dass sie eine Anschlussmöglichkeit an die Erfahrungswelt der Schüler bieten und für ihre Gegenwart und Zukunft von erkennbarer Bedeutung sind.

Ein Text der Gegenwartsliteratur, der solche Qualitätsmaßstäbe erfüllt, weil er mit einem hohen Anregungsgehalt und mit großer formaler Kunst an Erfahrungen von Jugendlichen anknüpft, ist die im Februar 2002 erschienene Novelle *Im Krebsgang* von Günter Grass. Sie eröffnet nämlich nicht nur einen historischen Wissensfundus, indem sie von der schwersten Schiffskatastrophe aller Zeiten, dem lange verdrängten Untergang der *Wilhelm Gustloff* im Jahre 1945 erzählt, sondern reagiert auch auf aktuelle Phänomene. Sie problematisiert den Rechtsradikalismus in unserer Gesellschaft und analysiert die Bedingungen seiner Entstehung. Damit leistet sie einen wichtigen aufklärerischen Beitrag im Sinne unserer freiheitlich-demokratischen Grundordnung. Außerdem regt sie zu einer intensiven Medienreflexion an, weil sie die Gefahren computergestützter Kommunikation und Information am Beispiel der rechtsradikalen Chatrooms und der virtuellen Rollenspiele im Internet aufzeigt. Das Thema Rechtsradikalismus im Internet kann über die textbezogene Arbeit hinaus durch Recherchen im Computerraum der Schule vertieft und mithilfe von pädagogischem Begleitmaterial sorgfältig aufbereitet werden.

Die Novelle *Im Krebsgang* hat mit diesen Themen zweifellos einen „Sitz im Leben" der 17–18-jährigen Schüler, die sich in die gleichaltrige Hauptfigur, den kurz vor dem Abitur stehenden Konrad, einfühlen und mit ihr kritisch auseinandersetzen können. Auch der geschilderte Konflikt zwischen Vater und Sohn und die zunehmende weltanschauliche Entfremdung der Generationen regt zum Vergleich mit der eigenen Lebenssituation an.

Die Beschäftigung mit drängenden Fragen der Gegenwart ist *ein* wichtiger Aspekt fächerübergreifender Arbeit in der Oberstufe. Ein anderer ist die Vertiefung des historischen Bewusstseins. Die Lektüre der Novelle *Im Krebsgang* befähigt die Schüler zur Teilhabe an der aktuellen Debatte über die Opferrolle der deutschen Zivilbevölkerung im Zweiten Weltkrieg, darüber also, ob es angesichts der von Deutschen begangenen Verbrechen legitim ist, auch der eigenen Opfer des Luftkriegs, der Flucht und Vertreibung zu gedenken. So sahen manche Kritiker eine „Sensation" darin, dass Grass das jahrzehntelange Schweigen über das deutsche Flüchtlingselend gebrochen und damit ein schwieriges Thema enttabuisiert hat. Das große mediale Echo kann Schülern exemplarisch verdeutlichen, dass Literatur über den Deutschunterricht hinaus eine allgemeine gesellschaftliche Relevanz und zuweilen sogar politische Sprengkraft besitzt.

Die Sprache der Novelle ist anregend und abwechslungsreich, weil sie vom Internetfachvokabular über aktuelle umgangssprachliche Elemente bis hin zu dialektalen Partien viele Varietäten bietet und damit zur Reflexion über verschiedene Stilregister und deren Funktion einlädt. Andere Kunstmittel wie die Erzählweise „im Krebsgang" und die gattungsspezifische Struktur der Novelle bieten zusätzliche Anhaltspunkte für die formale Analyse. Nicht zuletzt

eröffnet die Novelle einen Zugang zum Werk eines der bedeutendsten deutschsprachigen Schriftsteller unserer Zeit, der 1999 mit dem Literaturnobelpreis höchste Anerkennung gefunden hat.
Der Text ist mit einem Umfang von 214 Seiten und einer Unterteilung in neun Kapitel überschaubar und stellt für die Schüler der Jahrgänge 11–13 ein gut zu bewältigendes Lesepensum dar. Er liegt bei dtv in einer Taschenbuchausgabe vor. Preiswerte Lektüreschlüssel, Erläuterungen und Materialien für Schüler sind mittlerweile ebenfalls erhältlich.[1]
Der Leseprozess sollte so organisiert sein, dass die Schüler den Text bereits vor Beginn der Unterrichtsreihe, spätestens aber in der zweiten Stunde gelesen haben.
Die dem Unterrichtsmodell beigefügten Materialien können je nach Bedarf in den Unterrichtsverlauf integriert werden. Wenn sich eine Verwendung im Rahmen der Bausteine empfiehlt, wird an entsprechender Stelle auf das Zusatzmaterial hingewiesen. Klausurvorschläge finden sich ebenfalls im Anhang **(Zusatzmaterial 12)**.
Im Folgenden soll noch auf eine Auswahl von Hilfsmitteln verwiesen werden, deren Verwendung sich im Laufe der Reihe besonders empfiehlt:

- Grass, Günter: Im Krebsgang. Gelesen vom Autor. Mit einem Begleittext von Helmut Frielinghaus [9 CDs]. München: Hörverlag 2002.
- Knopp, Guido [u. a.]: Die große Flucht. Das Schicksal der Vertriebenen. Der Untergang der Gustloff [Videocassette VHS Laufzeit 45 Min.; Mitschnitt der ZDF-Fernsehsendung vom 27.11.2001] BMG-Video Bestell-Nr. 21912123.
- Michelers, Detlef: Wilhelm Gustloff. Vom Flaggschiff zum eisernen Sarg. Mit Uwe Friedrichsen, Brigitte Röttgers und Günter Grass. Feature des Radios Bremen in Koproduktion mit dem NDR und dem SFB 2002. [CD mit Booklet] Audio-Verlag 2002.
- Rechtsextremismus im Internet. Recherchen, Analysen, pädagogische Modelle zur Auseinandersetzung mit dem Rechtsextremismus. Hg. von der Bundeszentrale für politische Bildung. Bonn ^{2}2004.

---

1 Seitenangaben in Klammern beziehen sich auf den Primärtext in folgender Ausgabe: Günter Grass: Im Krebsgang. München: 2004 [dtv 13176] (seitenidentisch mit der Erstausgabe im Steidl-Verlag [Göttingen 2002]). Als Lektüreschlüssel für Schüler liegen vor: Theodor Pelster: Günter Grass. Im Krebsgang. Stuttgart: Reclam 2004 [RUB 15338] sowie Rüdiger Bernhardt: Günter Grass. Im Krebsgang. Hollfeld: Bange ^{2}2003.

Konzeption des Unterrichtsmodells

Zwei Leitgedanken sind für das didaktische Konzept des Unterrichtsmodells ausschlaggebend: es soll im Sinne des verbundenen Deutschunterrichts sowohl eine analytisch-kognitive Auseinandersetzung mit dem Novellenthema befördern als auch kreativ-gestalterische Lernprozesse anstoßen. Das Modell orientiert sich dabei an einer schüleraktivierenden Lernkultur, indem es neben traditionellen textanalytischen Methoden zahlreiche handlungs- und produktionsorientierte Verfahren einsetzt. Dazu gehören u. a. szenische und gestaltende Interpretationswege sowie Diskussionsveranstaltungen und Rollenspiele.
Insgesamt wird versucht, durch Phasenwechsel und Methodenvarianz eine möglichst anregende Vielfalt in das Unterrichtsgeschehen zu bringen. Eine rekurrente Sozialform ist die Gruppenarbeit, da sie die Selbstständigkeit der Schüler fördert und ihre Fähigkeit stärkt, eigene „Produkte" zu präsentieren und selbstkritisch zu bewerten. Zu diesen Produkten gehören hier u. a. Figurenplakate, alternative Buchumschläge und selbst verfasste Texte (Innere Monologe, Dialoge, Rezensionen).
Zur Stärkung der Medienkompetenz, aber auch zur Motivation der Schüler können in der Unterrichtsreihe Medien wie Film, Hörbuch, historische Tondokumente, Fotos, Plakate, Grafiken und Websites (Internet) eingesetzt werden. Audiovisuelle Medien festigen die Eindrücke und sind gerade als Einstiegsimpulse dazu geeignet, die Aufmerksamkeit der Schüler zu bündeln. Insbesondere das Hörbuch zur Novelle, gelesen vom Autor selbst, lässt sich mit Gewinn einsetzen. Eigene mediengestützte Schwerpunkte bilden die Analyse des Spielfilms *Nacht fiel über Gotenhafen*, der den Untergang der *Gustloff* schildert, sowie die Internet-Recherche im Computerraum zum Thema Rechtsextremismus.
Freilich können in diesem Modell nicht alle Sinnebenen des Textes berücksichtigt werden. Im Zuge der didaktischen Reduktion mussten Aspekte wie die verschiedenen Erinnerungskonzepte, das „unzuverlässige Erzählen", die Kritik an den Idealen der „68er-Generation" und die intertextuellen Verweise auf andere Werke von Günter Grass (Danziger Trilogie) zugunsten der zentralen Themen ausgeklammert werden. Mit einem Umfang von 28 ausgearbeiteten Einzelstunden in sieben Unterrichts-Bausteinen umfasst das vorliegende Modell gleichwohl ein differenziertes Angebot, das je nach den zeitlichen Rahmenbedingungen, den Interessenschwerpunkten und dem Leistungsniveau der Lerngruppe flexibel adaptiert werden kann. Die Unterrichtsreihe schlägt eine Brücke auch zu anderen Fächern, insbesondere zur Geschichte (Baustein 2: Der historische Kontext) und Gemeinschaftskunde (Baustein 4: Der Rechtsextremismus und das Internet), da die Novelle *Im Krebsgang* nur in ihrem geschichtlichen Horizont zu verstehen ist. Die Erarbeitungsschwerpunkte in Baustein 2 ermöglichen eine derartige Horizontbildung, falls das historische Wissen über Flucht und Vertreibung im Zweiten Weltkrieg bei den Schülern fehlt. Denkbar ist auch die Kooperation mit Kollegen anderer Fächer oder eine Verlagerung in Schülerreferate.

In **Baustein 1** sind verschiedene Möglichkeiten des Einstiegs in die Novelle zusammengestellt. Sie können, da sie aufeinander aufbauen, auch *sukzessive* zur Einarbeitung umgesetzt werden. Ab der 2. Stunde sollten die Schüler den Text gelesen haben, da die produktionsorientierte Arbeit in der Einstiegsphase (die Gestaltung alternativer Buchumschläge) die vollständige Textkenntnis voraussetzt.

Baustein 2 widmet sich den historischen Hintergründen der Novelle. So werden hier die für das Textverständnis notwendigen Ereignisse zwischen 1933 und 1945 beleuchtet (etwa die Flucht aus Ostpreußen im Winter 1944/45, in deren Zusammenhang die Evakuierung über die Ostsee stattfand), aber auch die Positionen in der von Grass ausgelösten Debatte über die „Opferrolle" der Deutschen dargestellt. Die Inhalte dieses Bausteins können auch am Ende der Unterrichtsreihe behandelt werden, unverzichtbar ist aber schon am Anfang die „Gelenkstunde" 2.4 (Die Geschichte der *Gustloff* und die Hauptfiguren im Überblick), da sie ein hilfreiches Strukturmodell bereitstellt, auf das die Schüler in den folgenden Arbeitsphasen zurückgreifen können sollten.

Baustein 3 rückt die drei Generationen der Familie Pokriefke in den Mittelpunkt. Tulla Pokriefke, die Überlebende der *Gustloff*-Katastrophe, ihr als Ich-Erzähler auftretender Sohn Paul und ihr Enkel, der spätere antisemitische Attentäter Konrad, werden als die fiktionalen Handlungsträger der Novelle eingehend charakterisiert. Besonderes Augenmerk gilt der (szenischen) Rekonstruktion der Mordtat am Gustloff-Denkmal in Schwerin, die den novellentypischen „Wendepunkt" der Handlung bildet.

Baustein 4 beleuchtet den Themenkomplex „Rechtsextremismus und Internet". Dabei werden die Ursachen für Konrads Rechtsextremismus zunächst textanalytisch erarbeitet, die Ergebnisse dann in einem zweiten Schritt durch die Simulation der Gerichtsverhandlung im Schweriner Landgericht handlungs- und produktionsorientiert vertieft. Welche Bedeutung im Zusammenhang mit Konrads Rechtsextremismus dem Medium Internet zukommt, sollen zwei weitere Erarbeitungsphasen (ggf. auch im Computerraum der Schule) klären.

Die Themen in **Baustein 5** befassen sich mit der künstlerischen Form der Novelle, d. h. mit ihren sprachlichen Besonderheiten und erzähltechnischen Verfahren. Dazu gehören die programmatische Titelmetapher *Im Krebsgang* und das merkwürdige Verhältnis zwischen dem Ich-Erzähler und seinem Auftraggeber. Nicht zuletzt geht es in diesem Baustein auch um die Gattungsmerkmale des Textes, nämlich um die Frage, ob es sich bei ihm eher um einen Bericht oder eine Novelle handelt.

„Die Novelle in der Kritik" lautet die Überschrift von **Baustein 6**, der sich mit der z. T. spektakulären Rezeption des Textes befasst und die Schüler in das Wesen und die Funktionen der öffentlichen Literaturkritik einführen soll. Die Analyse von Original-Rezensionen und die Veranstaltung einer literaturwissenschaftlichen Talkshow bilden weitere Schwerpunkte.

Baustein 7 ist dem Autor Günter Grass und seinem Werk gewidmet. Die Vielfalt seiner (engagierten) künstlerischen Arbeit als Lyriker, Romancier und Grafiker soll hier zum Abschluss der Unterrichtsreihe vermittelt werden. Außerdem sind der Literaturnobelpreis, mit dem Grass 1999 ausgezeichnet wurde, und die Gründe für seine Auszeichnung ein Thema des letzten Bausteins.

Die thematischen Bausteine des Unterrichtsmodells

Baustein 1

Mögliche Einstiege in die Unterrichtsreihe

1.1 „Warum erst jetzt?" – Analyse des Erzählanfangs

Um das Interesse der Schüler am Thema zu wecken und ihr Vorwissen zu aktivieren, wird als Bildimpuls die Titelseite des Nachrichtenmagazins *Der Spiegel* vom 4. Februar 2002 gewählt *(siehe S. 9)*. Mit einem Foto von Grass und dem Bild eines sinkenden Schiffs wird darauf die Novelle des Literaturnobelpreisträgers wenige Tage vor ihrem Erscheinen als eine Sensation angekündigt. Über der Schlagzeile *Die deutsche Titanic* findet sich der erklärende Beitext *Der neue Grass: Die verdrängte Tragödie der „Wilhelm Gustloff"*. Dass ein literarisches Werk auf der Titelseite eines politischen Nachrichtenmagazins erscheint, ist selten und erregt an sich schon Interesse, mehr noch die Anspielung auf die legendäre *Titanic*, deren Untergang zu den großen Katastrophen des 20. Jahrhunderts zählt und den Schülern – nicht zuletzt durch die Hollywood-Verfilmung mit Kate Winslet und Leonardo di Caprio – bekannt sein dürfte. In der Regel sind sie überrascht, wenn sie erfahren, dass die *Gustloff* sehr viel mehr Menschen in den Tod gerissen hat als die *Titanic* und ihr Untergang also die weitaus größere Schiffskatastrophe war. Die metonymische Formulierung *Der neue Grass* schließlich weist auf die hohen Erwartungen gegenüber einem Buch des bekanntesten deutschen Autors der Gegenwart hin. So kann der Einsatz des *Spiegel*-Titels ein sowohl emotionales wie historisch-sachliches Interesse bei den Schülern wecken, ihr Vorwissen (über die *Titanic* und den Autor Günter Grass) mobilisieren und ihnen die über ein bloßes Fachwissen hinausgehende gesellschaftliche Relevanz des Themas verdeutlichen.

Die Schüler lassen das Spiegel-Titelbild zunächst einen Moment auf sich wirken.

- *Die Novelle „Im Krebsgang" hat in den Medien ein großes Echo ausgelöst. Warum? (Warum hat ein politisches Nachrichtenmagazin wie „Der Spiegel" der Novelle „Im Krebsgang" eine eigene Titelgeschichte gewidmet?)*

Nach dieser Annäherung an den Sensationscharakter des Themas, bei der ein Vergleich mit der *Titanic* sinnvoll ist, kann die Aufmerksamkeit auf die Frage gelenkt werden, warum die *Gustloff*-Katastrophe bisher nicht oder kaum bekannt war. Der Aspekt der Verdrängung rückt damit in den Mittelpunkt:

- *Warum handelt es sich beim Untergang der Gustloff um eine verdrängte Tragödie? Warum bricht Grass (jetzt) das Schweigen?*

Die Schüler erhalten Gelegenheit, ihr Wissen zu artikulieren und Hypothesen zu bilden. An ihren Antworten wird schnell erkennbar, welche Informationen sie aus ihrer Lektüre gezogen haben. Wichtig für den weiteren Unterrichtsverlauf ist die Frage, warum man in Deutschland erst 50 Jahre später an den Untergang der *Gustloff* erinnert. Sie dient als Ausgangspunkt für die anschließende Erarbeitungsphase und erscheint wie am Anfang der Novelle („Warum erst jetzt?") als Überschrift an der Tafel. Auf der linken Außentafel werden die Hypothesen der Schüler stichwortartig notiert. Mit dem Impuls *Welche Antwort gibt der Text auf diese Frage?* kann zum Novellenanfang übergeleitet werden. Die Schüler hören nun im Mitleseverfahren den ersten Absatz der Novelle, vorgetragen von Günter Grass[1]. So kommt mit der Stimme des Autors nach dem Bildimpuls ein weiteres motivierendes Medium ins Spiel. (Alternativ kann auch die Lehrkraft oder ein Schüler den Text vortragen.)

> „Warum erst jetzt", sagte jemand, der nicht ich bin. Weil Mutter mir immer wieder ... Weil ich wie damals, als der Schrei überm Wasser lag, schreien wollte, aber nicht konnte ... Weil die Wahrheit kaum mehr als drei Zeilen ... Weil jetzt erst ...

Der erste Absatz eignet sich gut zur Klärung der Leitfrage „Warum erst jetzt?", weil er versuchsweise zwar einige Antworten bietet, sie aber immer wieder abbricht und ins Leere laufen lässt. Mit der Ellipse und der Aposiopese weist er zwei markante rhetorische Figuren auf, um die Rat- und Hilflosigkeit des Erzählers zu demonstrieren. Dieser beginnt nicht – wie in traditionellen Erzähltexten – aus einem stabilen Wissen heraus zu erzählen, sein Erzählanlass liegt vielmehr in einer tiefen Verunsicherung, die sich aus den traumatischen Erlebnissen des Untergangs ergibt und vorerst nur in Sprachnot, ja Sprachlosigkeit kundtut. Die durch Auslassungspünktchen markierten Leerstellen fordern den Leser auf, selbst nach einer Antwort zu suchen. Er kann nicht bequem in einen Erzählstrom eintauchen, sondern muss von Anfang an die Leerstellen durch eigene Hypothesen füllen. Angesichts dieser „Appellstruktur" treten die Schüler in einen Dialog mit dem Text und schreiben ihn kreativ fort.

- *Was ist an diesem Erzählanfang bemerkenswert?*

- *Ergänzen Sie die unvollständigen Aussagesätze und füllen Sie die durch Auslassungspünktchen markierten Leerstellen im ersten Absatz selbst aus. Formulieren Sie für jedes Auslassungspünktchen mindestens einen Satz.*

Zunächst präsentieren die Schüler ihre Arbeitsergebnisse in einer mündlichen Sammelphase. Hierbei sollte ihre Textproduktion nicht als richtig oder falsch eingestuft, sondern erst einmal zu Gehör gebracht werden. Die Schüler sollen erkennen, dass sie die Ratlosigkeit des Erzählers teilen, aber dennoch versuchen müssen, das Unausgesprochene zu erahnen. Gerade in den ersten Stunden der Unterrrichtsreihe ist es wichtig, die Schüler zu eigenen Gedanken zu ermutigen und der Vielstimmigkeit Raum zu geben. Eine besondere Herausforderung für die Schüler besteht darin, die gehörten Satzergänzungen für die schriftliche Ergebnissicherung jeweils auf einen gemeinsamen abstrakten Nenner zu bringen.

- *Was haben alle Ihre Vorschläge, so verschieden sie sind, gemeinsam? Welche zusammenfassende Formulierung schlagen Sie vor?*

---

[1] G. Grass: Im Krebsgang. Gelesen vom Autor. Mit einem Begleittext von H. Frielinghaus. [9 CDs] München 2002.

Für den Tafelanschrieb einigen sich die Schüler auf eine plausible Hypothese und eine gemeinsame Formulierung. Anschließend werten sie ihre Ergebnisse an der Tafel aus. Ein Erkenntnisziel dieses Unterrichtsschrittes ist, dass Grass nicht einfach eine Sensationsgeschichte über den Untergang der *Gustloff*, sondern – ausgehend von diesem Stoff – ein Buch über das Problem des Erinnerns und Erzählens schreibt.

- *Warum wählt Grass diesen Erzählanfang? Was sagt dieser Anfang über den Umgang des Autors mit dem historischen Stoff aus?*

Verzichtet man auf eine Gestaltung alternativer Buchumschläge (siehe 1.2), könnte bei einer starken Lerngruppe hier bereits eine erste Reflexion über den Novellentitel angeregt werden, der an sich schon verdeutlicht, dass es Grass mehr auf den erzählerischen Umgang mit der Katastrophe als auf diese selbst ankommt.

- *Setzen Sie den Titel „Im Krebsgang" in Beziehung zu unserem Ergebnis. Warum wählt Grass diesen Titel? Welcher Aspekt rückt damit ins Zentrum?*

Kap. 1: „Warum erst jetzt?"

„Weil Mutter mir immer wieder ..."	→	die ältere Generation wünscht die Erinnerung und eine Dokumentation der Ereignisse, kann aber nicht selbst darüber berichten	der erste Absatz behandelt das Problem des Erinnerns und Erzählens
„Weil ich wie damals [...] schreien wollte, aber nicht konnte ...	→	der Ich-Erzähler kann aus Schuldgefühlen nicht darüber sprechen	
„Weil die Wahrheit kaum mehr als drei Zeilen ..."	→	die Fakten sind schnell genannt, sagen aber nichts über das unaussprechliche Leid der Menschen aus	
„Weil jetzt erst ..."	→	das Leid der deutschen Flüchtlinge kann erst jetzt, 55 Jahre nach dem Krieg, offen thematisiert werden	

1.2 Gestaltung alternativer Buchumschläge

Als bildender Künstler hat Günter Grass die Buchumschläge zu seinen Werken meist selbst entworfen und mit eigenen Grafiken versehen. Die Erstausgabe der im Steidl-Verlag erschienenen Novelle (und auch die spätere dtv-Taschenbuchausgabe) zeigen zwei in rotbrauner Farbe gezeichnete Strandkrabben. Diese Umschlagzeichnung und der zunächst sonderbar anmutende Titel *Im Krebsgang* können zu einer ersten allgemeinen Auseinandersetzung mit dem Inhalt der Novelle anregen.

- *Grass behandelt in der Novelle die größte Schiffskatastrophe aller Zeiten. Was aber haben diese Umschlagzeichnung und der Titel „Im Krebsgang" damit zu tun? Auf den ersten Blick besteht da kein Zusammenhang.*
  Stellen Sie sich vor, Sie sollen als Texter und Grafiker des Verlags, in dem die Werke von Grass erscheinen, ein anderes Cover für das Buch entwerfen – mit einem anderen Titel und einem anderen Titelbild. Was würden Sie wählen? Entwerfen Sie einen alternativen Umschlag.

Jede Arbeitsgruppe erhält zur Anregung einige Bilder **(Zusatzmaterial 1)**, einen dicken Filzstift und einen farbigen Kartonstreifen (für den Buchtitel) sowie ein großes (weißes) Plakat. Ein schriftlicher Arbeitsauftrag präzisiert die Aufgabe. Die Bilder werden den Schülern zur Verfügung gestellt, weil sie in einer Unterrichtsstunde erfahrungsgemäß nicht die Zeit haben, ein eigenes Bild zu malen oder zu zeichnen. Das vorrangige Ziel ist, dass sie über das gegebene Bildmaterial diskutieren und gemeinsam entscheiden, welches sich für die Novelle am ehesten eignet. Zudem müssen sie einen neuen Buchtitel formulieren und ihn in Beziehung zum gewählten Bild setzen. Auf diese Weise tauschen sich die Schüler in den Gruppen untereinander zur Sache aus. Das Bildmaterial ist so ausgewählt, dass es möglichst ansprechend und vielseitig zentrale inhaltliche Aspekte der Novelle berührt. Schüler, die mit diesem Material nicht arbeiten wollen, können das Plakat für eigene künstlerische Ideen nutzen oder die vorhandenen Bilder zerschneiden und collagieren. Zur Präsentation befestigen die Gruppen ihre Arbeitsergebnisse an der Tafel und begründen ihre Entscheidung. Sie erhalten eine Rückmeldung aus dem Plenum und gehen auf Fragen und Kommentare der Mitschüler ein.

Die inhaltliche Rundung der Stunde ergibt sich aus dem anschließenden Vergleich der Schülerarbeiten mit dem Original-Buchumschlag der Novelle. Er wird als Plakat vergrößert **(Zusatzmaterial 2)** und in eine Reihe mit den Produkten aus der Gruppenarbeit an die Tafel gehängt.

- *Warum hat Grass nun aber diesen Titel und dieses Bild gewählt? Welchen Schwerpunkt setzt er damit?*

Nun reflektieren die Schüler die Ausgangsfrage vom Anfang der Stunde und stellen fest, dass der Originaltitel eine Metapher für die Erzähltechnik ist, also den Aspekt der Vermittlung und Darstellung in den Mittelpunkt stellt. Grass kommt es mehr auf den erzählerischen und erinnernden Umgang mit der Katastrophe als auf diese selbst (den Sensationsstoff) an. Wie lässt sich ein Tabuthema bearbeiten? Wie kann man vom Leid der Menschen berichten? Wer kann das tun? Mit diesen Fragen lässt sich zu Baustein 2 und zur Strukturanalyse sowie zur Figur des Ich-Erzählers Paul Pokriefke überleiten.

1.3 Leitfragen an den Text stellen (Kartenabfrage und Klassenposter)

Alternativ zur Umschlaggestaltung lässt sich nach der Analyse des Erzählanfangs eine Kartenabfrage durchführen, um die Interessenschwerpunkte der Schüler zu erfassen und ihre Leitfragen an den Text zu sammeln.

- *Der Erzähler beginnt den Text mit der Frage „Warum erst jetzt?". Welche Leitfrage(n) möchten Sie im Laufe der Unterrichtsreihe beantworten? Notieren Sie Ihre Frage(n) und die Themen, denen Sie gerne nachgehen würden. Pro Karte soll nur ein Gesichtspunkt notiert werden.*

Nun setzen sich alle im Stuhlkreis zusammen und lesen ihre Karten sukzessive vor. Dann werden die Fragen und Themen nach Überbegriffen sortiert.

- *Nennen Sie inhaltliche Kriterien, nach denen wir die Karten sortieren können. Ordnen Sie die Karten zu.*

Eine Dokumentation der Fragen auf einem Plakat ist sinnvoll, damit während der Unterrichtsreihe immer erkennbar bleibt, welche Erkenntnisziele schon erreicht und welche Fragen noch offen und bis zum Ende der Reihe zu klären sind.

1.4 Lesetagebuch und Lektüretest

In Lerngruppen, bei denen eine gezielte Kontrolle der Lektüre notwendig erscheint, empfiehlt sich ein Lesetagebuch (vgl. **Arbeitsblatt 1**, S. 25, als Muster zur Fortsetzung), das vor Beginn der Unterrichtsreihe von den Schülern anzulegen ist, und/oder ein Lektüretest mit Fragen zu den Figuren, zur Handlung und zum historischen Kontext (vgl. **Arbeitsblatt 2**, S. 26).

Notizen

Lesetagebuch zu Günter Grass: *Im Krebsgang*

Name: ____

Kapitel/Seiten	Was geschieht? Was erfährt man über welche Figuren?	Meine Fragen und Kommentare

■ *Führen Sie das Lesetagebuch nach diesem tabellarischen Muster bis zum Ende fort.*

Lektüretest zu Günter Grass: *Im Krebsgang*

Name: ______________________________

1. Wie heißt die Mutter des Ich-Erzählers und aus welcher Stadt stammt sie?

____

2. Welchen Beruf hat der Ich-Erzähler?

____

3. Wie hat er die Schiffskatastrophe überlebt?

____

4. Welche Funktion hatte Wilhelm Gustloff in der NSDAP?

____

5. Von wem wurde er erschossen? In welcher Stadt?

____

6. Wann genau (bitte Tag und Jahr angeben) wurde die *Wilhelm Gustloff* versenkt?

____

7. Zu welcher Unterorganisation der nationalsozialistischen Arbeitergewerkschaft gehörte das Schiff? Was war ihr Ziel?

____

8. Wie heißt die von Konrad eingerichtete Web-Site?

____

9. Welchen Decknamen trägt der Chatroom-Gegner von Konrad und wie lautet sein richtiger Name?

____

10. An welchem symbolischen Ort/Platz begeht Konrad seine Mordtat?

____

11. Welche Strafe erhält er für diesen Mord?

____

12. Was tut Konrad während seiner Haftzeit im Gefängnis?

____

Baustein 2

Der historische Kontext

2.1 Die nationalsozialistische Freizeitorganisation „Kraft durch Freude"

Die von Robert Ley gegründete NS-Gemeinschaft „Kraft durch Freude" (KdF) war eine Unterorganisation der „Deutschen Arbeitsfront", welche nach Hitlers Machtergreifung als staatliche Einheitsgewerkschaft an die Stelle der zerschlagenen freien Gewerkschaften getreten war. Nach dem Vorbild der faschistischen italienischen Freizeitorganisation „dopolavoro" („Nach der Arbeit") hatte das KdF-Programm im Wesentlichen folgende Funktionen: Es sollte durch attraktive Freizeitangebote und günstige Erholungsreisen a) die regional und sozial auseinander liegenden Bevölkerungsgruppen zu einer solidarischen „Volksgemeinschaft" verschmelzen, b) die ideologische Bindung an den Nationalsozialismus festigen und c) zur Stärkung der militärischen Kraft der Nation beitragen. Zeitweilig hatte die Organisation auch die Aufgabe, verdächtige Urlauber während der Reisen ausspionieren zu lassen. Das luxuriöse Kreuzfahrtschiff *Wilhelm Gustloff* wurde mit dem Vermögen der zerschlagenen Gewerkschaften als eines von zwölf „KdF-Schiffen" gebaut und als schwimmendes Propagandainstrument für Hitlers Gleichschaltungspolitik eingesetzt. Bis Kriegsausbruch nahmen Zehntausende von Arbeitern und Angestellten auf den „klassenlosen" Passagierschiffen der KdF-Flotte an Kreuzfahrten nach Norwegen, Portugal, Madeira und Italien teil[1] und wurden so – wie Tullas Eltern – zu bedingungslosen Anhängern des NS-Systems: „Mein Papa [...] war, als er von Norwejen zurickkam, bejeistert von frieh bis spät. Der war nu ain Hundertfuffzigprozentijer." (67) Konrad Pokriefke fasziniert an der *Gustloff* vor allem die Idee der „klassenlosen Volksgemeinschaft"; sein Referat über „Die positiven Aspekte der NS-Gemeinschaft ‚Kraft durch Freude'" (184) darf er in der Schule aber nicht vortragen.

Am Anfang der Stunde schreibt die Lehrkraft den Namen der faschistischen Freizeitorganisation „Kraft durch Freude" als stummen Impuls an die Tafel.

- *Was bedeutet dieser Slogan? Welche Lebenserfahrung steckt dahinter? Welche politische Absicht verfolgen die Nationalsozialisten mit diesem Motto?*

Nach einem ersten Unterrichtsgespräch, in dem Assoziationen geäußert und Informationen (ggf. auch im ergänzenden Lehrervortrag) gesammelt werden, erarbeiten die Schüler mithilfe authentischen Propaganda-Materials sowie anhand von Novellenauszügen die o.g. verschiedenen Funktionen der NS-Freizeitorganisation. Auf dem **Arbeitsblatt 3** (S. 37) erhalten Sie einen genauen Arbeitsauftrag (mit Seitenangaben) und den Abbildungen von vier KdF-Plakaten. Bei der Lektüre der Novellenauszüge können die Schüler zur Zeitersparnis arbeitsteilig vorgehen, indem sich die Lerngruppe in drei Sektionen aufteilt (ohne Gruppen

1 Vgl. Heinz Schön: Die KdF-Schiffe und ihr Schicksal. Eine Dokumentation. Stuttgart 1987. Zu Struktur und Zielsetzung der KdF-Organisation siehe ebd.: „Dokumentation über die Deutsche Arbeitsfront (DAF) und die NS-Gemeinschaft „Kraft-durch-Freude", S. 243–251, sowie Wolfhard Buchholz: Die Nationalsozialistische Gemeinschaft „Kraft durch Freude". Freizeitgestaltung und Arbeiterschaft im Dritten Reich. [Diss.] München 1976.

zu bilden). Der erste Lektüre- und Untersuchungsauftrag, der die Seiten 32f., 39 und 66f. umfasst, bezieht sich auf Tullas Eltern Erna und August Pokriefke, die 1939 an einer *Gustloff*-Kreuzfahrt nach Norwegen teilgenommen haben und so zu treuen Parteianhängern wurden (Aspekt der Gleichschaltung oder ideologischen Indoktrination). Der zweite Leseauftrag bezieht sich auf die „Taufrede“ Robert Leys beim Stapellauf der *Gustloff* am 5. Mai 1937 (S. 52), in der unverhohlen das Ziel der Volksertüchtigung und Indoktrination zum Ausdruck kommt, und der dritte Leseauftrag (S. 40f. und 190) kreist um den Aspekt der „klassenlosen Volksgemeinschaft“, welcher für Konrad im Mittelpunkt steht.

Die Schüler exzerpieren während der Stillarbeitsphase die einschlägigen Zitate und Informationen über die KdF-Organisation und versuchen nun, die Ergebnisse an der Tafel Oberbegriffen zuzuordnen. Die beiden Leitfragen lauten:

- *Welche Informationen haben Sie aus der Lektüre über die NS-Freizeitorganisation gewonnen? Welche politischen Funktionen lassen sich daraus ableiten?*

Im Unterrichtsgespräch kann zur Auswertung folgender Tafelanschrieb entstehen:

„Kraft durch Freude“

Die politischen Funktionen der nationalsozialistischen Freizeitorganisation:

Politische Gleichschaltung	„Wehrertüchtigung“	Volksgemeinschaft
(Bestechung, Indoktrination) Arbeiter schwärmen von KdF-Reisen, Bereitschaft zum „Massenjubel“ (S. 39) Einfache Leute können verreisen und werden zu Anhängern des NS-Systems	(Erholung, Stärkung der militärischen Kraft) Der deutsche Arbeiter soll „seine Nerven behalten“ und „stark“ sein, um die Gedanken des „Führers“ zu begreifen (S. 52) Vorbereitung auf den Krieg	(Bildung einer solidarischen Volksgemeinschaft) In der KdF-Flotte werden durch Einrichtung einer einzigen Passagierklasse alle Klassenunterschiede aufgehoben (S. 41, 190)
Plakate 4 und 1	*Plakate 2 und 3*	*Plakat 4*

In einem zweiten Arbeitsschritt ordnen die Schüler (in Partnerarbeit) die auf dem **Arbeitsblatt** 3 (S. 37) abgebildeten KdF-Propagandaplakate den erarbeiteten Kategorien an der Tafel zu. Die Ergebnisse werden ebf. an der Tafel notiert. Wichtig ist die sorgfältige mündliche Begründung der jeweiligen Zuordnung. Das erste Plakat fügt den bisherigen Ergebnissen einen neuen Aspekt hinzu, nämlich den materiellen Wohlstand (hier den Erwerb eines eigenen PKW) für gering verdienende Arbeiter und Angestellte, die damit – wie durch die Reiseangebote – vom Staat „korrumpiert“ wurden.

Die Rundung der Stunde erfolgt durch eine erneute Betrachtung des Mottos „Kraft durch Freude“. Die Schüler sollen nun die Ergebnisse ihrer Arbeit nutzen und das nationalsozialistische Motto so umformulieren, dass dessen wahrer Kern hervortritt.

- *Entlarven Sie das Motto „Kraft durch Freude“, indem Sie es so umformulieren, dass die dahinter steckende politische Absicht zum Ausdruck kommt. Schreiben Sie drei Varianten des Mottos auf.*

Mögliche Lösungen wären z. B.: „Gleichschaltung durch Bestechung"; „Anpassung durch Verführung", „Kriegsbereitschaft durch Geschenke"; Wehrertüchtigung durch Erholung", usw.

2.2 Die Flucht aus Ostpreußen (Gruppenpuzzle)

Drei Tage vor ihrem Untergang hat der damals 17-jährige Flüchtling Günter Grass die *Gustloff* selbst noch in Gotenhafen (dem heutigen Gdynia) gesehen, wie er in *Mein Jahrhundert* unter der Jahreszahl 1945 berichtet.[1] Grass schreibt für ein Lesepublikum, das in den Grundzügen mit der Geschichte des Zweiten Weltkriegs und daher auch mit der Geschichte der Flucht und Vertreibung der Deutschen aus dem Osten vertraut ist. Der Untergang der „Gustloff" am 30. Januar 1945 ist nur eines von vielen grausamen Ereignissen, die sich während dieser Flucht, bei der ca. 120 000 deutsche Zivilisten starben, abgespielt haben. Da heute kaum noch Angehörige der Erlebnisgeneration als Zeitzeugen befragt werden können und die historischen Hintergründe für viele junge Leser keineswegs selbstverständlich sind, eignen sich die Schüler in einem „Gruppenpuzzle" arbeitsteilig einige wichtige Informationen zur Flucht vor der Roten Armee im Herbst und Winter 1944/45 an. Dabei werden in den Stamm- und Expertengruppen vier thematische Schwerpunkte bearbeitet, nämlich 1. allgemeine Informationen zu dem 1944 einsetzenden „Exodus" von ca. 14 Millionen Deutschen, die den Schülern die ungeheure Dimension der Flucht und Vertreibung der Deutschen im und nach dem Zweiten Weltkrieg verdeutlichen; 2. Informationen über den Verlauf und die besonderen Umstände der Flucht aus Ostpreußen; 3. die Katastrophe in der ostpreußischen 637-Seelen-Gemeinde Nemmersdorf, wo die Rotarmisten am 21. Oktober 1944 ein Massaker unter der Zivilbevölkerung angerichtet hatten, dessen propagandistische Instrumentalisierung zur Massenpanik führte; 4. Informationen über den Verlauf der „Operation Hannibal", jener größten Rettungsaktion auf dem Seeweg, zu der Großadmiral Karl Dönitz am 21. Januar 1945 den Befehl gab, um unter Einsatz aller verfügbaren deutschen Schiffe die ostpreußische Bevölkerung zu evakuieren.
Das Material für das Gruppenpuzzle ist bewusst nicht geschichtswissenschaftlichen Quellen entnommen, sondern stammt mit Rücksicht auf die Schüler aus der publikumswirksamen vierteiligen *Spiegel*-Serie „Die Flucht" von 2002 sowie aus dem von der GEO-Redaktion herausgegebenen Sammelband *Flucht und Vertreibung*.[2]

Zu Beginn der Stunde sehen die Schüler über Folie eine historische Schwarz-Weiß-Fotografie, die einen typischen Treck mit einer Familie auf der Flucht vor der Roten Armee zeigt (**Arbeitsblatt 4**, S. 38).

- *Was zeigt diese historische Originalaufnahme?*
- *Welche besonderen Umstände der Flucht lassen sich dem Bild entnehmen?*
- *Wovor fliehen diese Menschen?*
- *Warum werden sie nicht von deutschen Soldaten evakuiert?*
- *Was wissen Sie über die Flucht aus Ostpreußen?*

---

1 G. Grass: Mein Jahrhundert. München: dtv ²2001, S. 162.

2 Die Flucht. Über die Vertreibung der Deutschen aus dem Osten. Hg. v. Stefan Aust und Stephan Burgdorff. München: dtv 2005; Flucht und Vertreibung: Europa zwischen 1939 und 1948. Mit einer Einleitung von Arno Surminski. Hamburg: Geo/Ellert & Richter 2004.

In diesem Einstiegsgespräch können über das allgemein vorhandene historische Wissen hinaus auch familiäre Erlebnisse abgerufen werden, falls Schülerinnen und Schüler in der Lerngruppe aus Flüchtlingsfamilien stammen und darüber etwas berichten können. Sinnvoll ist die Aufstellung einer Landkarte von Deutschland in den historischen Grenzen von 1937 (in den meisten Schulen vorhanden), an welcher der geografische Verlauf der Flüchtlingsströme (auch bei späteren Erläuterungen im Gruppenpuzzle) aufgezeigt werden kann. Sie wäre auch für einen alternativen Stundeneinstieg geeignet, bei dem die Schüler die Fahrtroute der *Gustloff* am 30.1.1945 aus der Danziger Bucht von Gotenhafen aus nachvollziehen und damit die Flucht vor der Roten Armee thematisieren. Falls die Schüler mit der Methode „Gruppenpuzzle" nicht vertraut sind, erhalten sie nun schrittweise über Folie eine genaue Anleitung für die Erarbeitung der Sachtexte (zum Gruppenpuzzle siehe **Zusatzmaterial 3**, S. 127). Anschließend bilden sich vierköpfige Stammgruppen, in denen jeder Teilnehmer eines der vier Themen still bearbeitet. Es erleichtert die Übersicht, wenn die mit Aufgaben versehenen Sachtexte (**Arbeitsblätter 5–8**, S. 39ff.) in verschiedenen Farben ausgegeben werden, sodass die Expertengruppen anhand der Farbe später schneller zusammenfinden. (Bei größeren Lerngruppen können sich zu einem Thema zwei Expertengruppen bilden.) Die Lehrkraft tritt bei der Durchführung des Gruppenpuzzles in den Hintergrund und steht für Rückfragen zur Verfügung. Auch das Referieren der „Experten"-Informationen in den Stammgruppen liegt in der Regie der Schüler, lediglich eine Karte zur „Operation Hannibal" (Arbeitsblatt 4) und ein Auswertungsbogen (**Arbeitsblatt 9**, S. 47) werden den Schülern ausgeteilt, um ihnen eine übersichtliche Dokumentation aller Ergebnisse am Ende zu erleichtern.

Sollte das Interesse der Lerngruppe an den historischen Hintergründen besonders groß sein, kann die Lehrkraft dazu anregen, Zeitzeugen in der Verwandtschaft oder im Bekanntenkreis zu interviewen, die persönliche Erinnerungen an Flucht und Vertreibung haben; denkbar wäre auch ein entsprechender Aushang der Schule in einem Seniorenheim, dass Menschen für ein Gespräch gesucht werden, die von der Flucht aus Ostpreußen (oder anderen Gebieten) berichten möchten. Im Internet kann man die Seite der 1924 geborenen Waldtraut Grüter besuchen, einer Überlebenden der *Gustloff*-Katastrophe, die ihre Erlebnisse des Schiffsuntergangs in schriftlicher Form und in einem Video-Interview schildert.[1] Anfragen zur Flucht auf der *Gustloff* beantwortet der ehemalige Zahlmeisterassistent der *Gustloff* und Buchautor Heinz Schön, der ein eigenes Archiv eingerichtet hat, in dem zahlreiche Zeugnisse und die Passagierlisten aufbewahrt sind.[2]

2.3 Die Deutschen – ein Volk von Opfern?

Auch nach dem Fall der Mauer hat das Bewusstsein der Deutschen für ihre Schuld am Zweiten Weltkrieg und am Holocaust nicht abgenommen. Die sogenannte „Berliner Republik" begreift ihre historische Verantwortung vielmehr als Fundament ihrer neuen Macht und Größe. Dennoch hat sich die deutsche Erinnerungskultur verändert: Sie kreist nicht mehr nur um die eigene Täterschaft, sondern richtet sich seit der Mitte der 1990er-Jahre zunehmend auf die eigene Opferrolle, auf traumatische Kollektiverfahrungen der Deutschen wäh-

---

1 http://www.wilhelmgustloff.de

2 Gustloff-Archiv Heinz Schön, Auf dem Sepp 19, D-32107 Bad Salzuflen. Heinz Schön ist bereit, schriftlich – unter Beifügung von Rückporto – eingehende Anfragen zu beantworten. Anfragen per Telefon oder Fax können leider nicht beantwortet werden. Außerdem hat Heinz Schön die Flucht über die Ostsee und die *Gustloff*-Katastrophe in zahlreichen Büchern und Videos dokumentiert.

rend der alliierten Luftangriffe und auf die Opfer von Flucht und Vertreibung.[1] Ausgelöst wurde die Erinnerung an die Grauen des Luftkriegs durch die These des Schriftstellers W. G. Sebald, die deutsche Literatur weise an entscheidender Stelle eine Leerstelle auf, weil sie nichts über die verheerenden Luftangriffe auf deutsche Städte im Zweiten Weltkrieg berichte.[2] Auch trug Günter Grass' Novelle *Im Krebsgang* erheblich dazu bei, dass in Deutschland über die so lange vernachlässigte Frage nach dem Opferstatus der deutschen Flüchtlinge diskutiert wurde. Ihren vorläufigen Höhepunkt erreichte die Debatte mit der im Herbst 2002 publizierten Studie des Historikers Jörg Friedrich über die Bombardierung der deutschen Städte im Zweiten Weltkrieg, die sofort ein Bestseller wurde: *Der Brand. Deutschland im Bombenkrieg 1940–1945.*[3] Aber sind diese Erinnerungen an die deutschen Kriegsopfer legitim? Oder führen sie zu Revanchismus und zur Aufrechnung eines Leides gegen das andere? Dürfen die Deutschen, die den Krieg begonnen haben, sich überhaupt als deren Opfer sehen? Diese Fragen bilden die Dissenslinien einer interessanten gesellschaftspolitischen Debatte, in deren Horizont die Grass-Novelle situiert werden muss. Die Grundpositionen dieser Debatte sollten auch den Schülern vermittelt werden, damit sie die historische oder politische Bedeutung der Novelle besser beurteilen können.

Zu Beginn der Stunde sehen die Schüler über Folie das Bild einer zerbombten deutschen Stadt. Unter dem Foto steht die provokative Frage: „Die Deutschen – ein Volk von Opfern?" (**Arbeitsblatt 10**, S. 48) Die Schüler nehmen zu dieser Frage spontan Stellung und kommen in ein Gespräch über „Schuld" und „Schuldlosigkeit" der zivilen Opfer des Bombenkriegs im Zweiten Weltkrieg. Dabei kann die Lehrkraft einige Fakten und Zahlen einfließen lassen: Während des fünf Jahre andauernden alliierten Bombardements deutscher Städte und Gemeinden fielen nahezu eine Million Tonnen Spreng- und Brandbomben auf dreißig Millionen Zivilpersonen, überwiegend Frauen, Kinder und Alte. Mehr als eine halbe Million Todesopfer waren zu beklagen. – Zu erwarten ist, dass die Schüler die „Opferrolle" der Deutschen aufgrund der NS-Kriegsverbrechen und des Holocaust zumindest teilweise negieren. Hier kann die (ethisch interessante) Frage aufgeworfen werden, inwiefern die Zivilbevölkerung in den bombardierten Städten eine Mitschuld an den deutschen Kriegsverbrechen trifft.

- *Seit einigen Jahren diskutieren die Deutschen kontrovers über ihre Rolle als „Opfer" des von ihnen begonnenen Zweiten Weltkriegs. Insbesondere Günter Grass hat diese Diskussion mit seiner Novelle „Im Krebsgang" angestoßen. Soll man heute an die deutschen Kriegsopfer erinnern? Was spricht dafür, was dagegen?*

Die Schüler haben Gelegenheit, ihre eigenen Standpunkte darzulegen und erste Argumente zu formulieren. Anschließend erhalten Sie den SZ-Artikel „Die halbierte Erinnerung" von Wolfgang Sofsky (als **Arbeitsblatt 11**, S. 49), der die Kontroverse um die „Opferrolle" der Deutschen sehr gut abbildet und für beide Positionen Argumente liefert.

- *Lesen Sie den Zeitungsartikel und unterstreichen Sie mit verschiedenen Farben die Argumente für und gegen ein Gedenken an die deutschen Kriegsopfer.*

Im Anschluss an die Stillarbeitsphase können die Schüler auch die weiteren Fragen auf dem Textblatt bearbeiten oder im Unterrichtsgespräch beantworten: Sie nehmen zu bestimmten Argumenten Stellung und/oder erklären den Titel des Artikels.

---

1 Vgl. dazu: Wende des Erinnerns? Geschichtskonstruktionen in der deutschen Literatur nach 1989. Hg. v. Barbara Beßlich, Katharina Grätz und Olaf Hildebrand. Berlin: Schmidt 2006.

2 Vgl. W. G. Sebald: Luftkrieg und Literatur. Frankfurt am Main [2]2002 [[1]1999], S. 7.

3 Zur großen Wirkung der Studie vgl. Lothar Kettenacker (Hg.): Ein Volk von Opfern? Die neue Debatte um den Bombenkrieg 1940–1945. Berlin: Rowohlt 2003.

- **1.** *Lesen Sie den Text und markieren Sie die Argumente für und gegen das Gedenken an die zivilen deutschen Kriegsopfer mit verschiedenen Farben.*

  2. *Übertragen Sie die Argumente in den Auswertungsbogen.*

  3. *Welchem Argument können Sie voll zustimmen, welchem nicht? Begründen Sie!*

  4. *Erklären Sie den Titel des Artikels.*

Für eine ausführliche Analyse des Zeitungsartikels von Wolfgang Sofsky steht das Arbeitsblatt 11 zur Verfügung, in das die Schüler tabellarisch die verschiedenfarbig markierten Pro- und Kontra-Argumente und weitere (eigene) Argumente eintragen können.

- *Übertragen Sie die von Wolfgang Sofsky genannten Argumente in das Arbeitsblatt, fügen Sie ggf. weitere hinzu und nehmen Sie dann zu einzelnen Argumenten Stellung.*

Das Ergebnis der Textanalyse auf dem Arbeitsblatt könnte wie folgt aussehen:

Pro-Argument	**Kontra-Argument**
• Die Wahrheit muss unabhängig von ihrem Gebrauch gewürdigt werden • Fremde Untaten können eigene Verbrechen nicht mindern • Jedes Verbrechen ist aus sich selbst heraus zu bewerten • Unrecht kann nicht mit Unrecht geahndet werden	• Applaus von der falschen Seite befördert politische Reaktion • Alle Ereignisse sind längst bekannt • Gefahr heimtückischer Aufrechnung der Verbrechen • Entlastung von eigener Schuld • Die Zivilbevölkerung hat sich den Massentod selbst zuzuschreiben

Es empfiehlt sich, die auf dem **Arbeitsblatt 12** (S. 50) stichwortartig gesammelten Argumente im letzten Unterrichtsschritt durch eine Diskussionsveranstaltung (z. B. durch eine Pro/Kontra- oder eine Fishbowldiskussion) zu vertiefen. Auf diese Weise lassen sich die aus dem Text gewonnenen Gesichtspunkte für die Schüler zu einem „Standpunkt" verdichten und damit nachhaltiger kognitiv aneignen.[1]

2.4 Die Geschichte der *Gustloff* und die Hauptfiguren im Überblick (Erarbeitung eines Strukturmodells)

Ein gemeinsam entwickeltes Strukturmodell, das die erzählte Zeit, die Figurenkonstellation und die historischen Zusammenhänge verdeutlicht, bietet den Schülern zu Beginn der Unterrichtsreihe eine wichtige Orientierung und hilft ihnen, einzelne Textpassagen zu kontextualisieren. Das strukturbildende Zentrum der Novelle ist die *Wilhelm Gustloff* mit ihrer wechselvollen Geschichte. Sie fungiert als novellentypisches Dingsymbol, das sowohl die verschiedenen Erzählstränge als auch die Biografien der historischen und fiktionalen Figuren miteinander verbindet. Am Werdegang der *Gustloff* vom Traumschiff der Nazis zum Flüchtlingstransporter und „eisernen Sarg" lässt sich in eindrucksvoller Weise der Weg des Dritten Reiches in den Untergang ablesen. Zur Vorentlastung der Stunde können die Schüler in einer

[1] Mögliche Themen für vertiefende Schülerreferate sind die Vorstellung der Bücher von Jörg Friedrich: Der Brand. Deutschland im Bombenkrieg 1940–1945. München: Propyläen 2002 oder von W. G. Sebald (wie Anm. 2, S. 31).

vorbereitenden Hausaufgabe die Funktionen der *Gustloff* bis zu ihrem Untergang benennen und, möglichst mit Angabe der entsprechenden Jahreszahlen, chronologisch ordnen.

Als visueller Impuls für den Stundeneinstieg dient eine Folie mit zwei Fotografien von größeren Motorschiffen aus den 1930er-Jahren (**Arbeitsblatt 13**, S. 51).

■ *Welches dieser beiden Schiffe ist die „Wilhelm Gustloff"? Begründen Sie.*

Die Schüler aktivieren ihr Vorwissen, indem sie ihre Aussage begründen. Dabei sollte die superlativische Dimension des Schiffes zur Sprache kommen: Die *Gustloff* war mit einem Fassungsvermögen von 1500 Passagieren das damals größte Kreuzfahrtschiff der Welt; mit Schwimmbad, Tanzsälen, Restaurants und Sonnendecks diente es der „Kraft-durch-Freude"-Propaganda und der Idee der neuen, klassenlosen Gesellschaft. Alles in allem war es gerade deshalb ein Symbol für den Größenwahn der Nazis. Die Schüler sollen nun die Funktionen des Schiffes bis zu seinem Untergang benennen. Zu ihrer Hilfe hören sie Zeugenberichte, Interviews aus der zeitgenössischen Wochenschau und Novellenauszüge, welche sieben Schüler in verteilten Rollen vor der Klasse vortragen können (**Arbeitsblatt 14**, S. 52).[1] Diese Texte beziehen sich auf verschiedene Funktionen der *Gustloff* und sind chronologisch falsch angeordnet, sodass die Schüler sie im Anschluss selbst in die richtige zeitliche Reihenfolge bringen müssen. Der erschütternde Zeugenbericht einer Überlebenden kann ihnen vermitteln, dass die von Grass erzählten Ereignisse authentisch und sowohl ideologisch als auch emotional stark aufgeladen sind.

■ *Im Zentrum der heutigen Stunde und der Novelle von Günter Grass steht die „Wilhelm Gustloff" (Bild des Schiffes, vgl. Arbeitsblatt 13, auf Tafelmitte anbringen). Welche verschiedenen Funktionen hatte sie bis zu ihrem Untergang? Zur Klärung dieser Frage hören Sie zunächst einige kurze Texte über die „Gustloff". Ihre Aufgabe ist es, die darin angesprochenen Funktionen des Schiffs zu benennen und in eine zeitliche Reihenfolge zu bringen.*

Auf den Vortrag der Dokumente folgt eine kurze Stillarbeitsphase, in der die Schüler ihre Notizen auswerten, die Funktionen des Schiffes benennen und sortieren. Dabei tauschen sie sich mit ihrem Nachbarn aus (bei Zeitnot kann auf den Vortrag der Dokumente verzichtet und stattdessen lediglich mit einer vorentlastenden Hausaufgabe gearbeitet werden, die darin besteht, dass die Schüler die verschiedenen Funktionen der *Gustloff* im Laufe ihrer wechselvollen Geschichte mit entsprechenden Jahreszahlen notieren). Ein Schüler schreibt dann die sechs Funktionen des Schiffes (mit Angabe der Jahreszahlen) unter das Foto der *Gustloff* an die Tafel, wobei er/sie selbst die Mitschüler aufruft und sich nacheinander die Begriffe und Daten diktieren lässt. Im Schüler-Schüler-Gespräch wird jeweils die Richtigkeit der Angaben geprüft. Die Lehrkraft nimmt sich in dieser Phase ganz zurück.

■ *Wie kann man angesichts dieser Ergebnisse die Entwicklung des Schiffes insgesamt beschreiben?*

Die Schüler werten ihre Arbeitsergebnisse selbst aus, indem sie feststellen, dass es sich um eine negative Entwicklung handelt, die von Leid und Gewalt geprägt ist und die ursprüng-

[1] Es handelt sich um folgende Texte und Dokumente: 1. Ein Interview mit einem deutschen Urlauber während einer Südseereise auf der *Gustloff*; 2. Heinz Schön, der ehemalige Zahlmeisterassistent der *Gustloff*, berichtet über die Kreuzfahrten; 3. Aus der Novelle: Über die Umrüstung der *Gustloff* zum Lazarettschiff (S. 80); 4. Heinz Schön über den Einsatz des Schiffes als Truppentransporter zur „Heimholung" der deutschen Legion Condor aus Spanien; 5. Aus der Novelle: Über den Umbau des Schiffes zur „schwimmenden Kaserne" (S. 84); 6. Ein Radiobericht über die Volksabstimmung im April 1938 an Bord der *Gustloff* („Anschluss" Österreichs); 7. Aus der Novelle: Über die auf dem Schiff eingerichteten Matratzenlager für Flüchtlinge (S. 109); 8. Eine Überlebende erinnert sich an den Untergang.

liche Bestimmung des Schiffes pervertiert. Darüber hinaus wird deutlich, dass die *Gustloff* eine symbolische Qualität hat, insofern sie über sich selbst hinaus auf etwas Allgemeines, nämlich auf das gesamte deutsche Reich und den NS-Staat verweist. Dies wird neben der Datenliste an der Tafel entsprechend vermerkt.

- *Wofür steht das Schiff allgemein? – Wie nennt man das, wenn etwas über sich selbst hinaus auf etwas Höheres oder Allgemeines hinweist?*

In einer zweiten Arbeitsphase lässt sich klären, wie die Biografien der Hauptfiguren mit dem Schiff zusammenhängen. Die Lehrkraft bringt auf der linken Tafelseite drei farbige Papierstreifen mit den Namen der historischen Personen, auf der rechten Seite drei Streifen mit den Namen der fiktionalen Figuren an, ohne die Kriterien für diese Verteilung selbst zu benennen.

- *Was verbindet nun die Hauptfiguren der Novelle mit dem Schiff? Auf der einen Seite haben wir Wilhelm Gustloff, Alexander Marinesko und David Frankfurter, auf der anderen Tulla, Paul und Konrad Pokriefke. Notieren Sie mit Ihrem Nachbarn die wichtigsten biografischen Fakten zu den Figuren und erklären Sie stichwortartig, inwiefern ihr Leben jeweils mit der „Gustloff" zusammenhängt (eine Hälfte der Klasse übernimmt jeweils nur die Figuren auf einer Tafelseite).*

Nun schreibt ein Schüler die Ergebnisse der Mitschüler unter den Namensschildern an die Tafel. Anschließend formulieren die Schüler Gründe für die Anordnung der Figurennamen. Sie entdecken als Ordnungsprinzip die Opposition von Historizität und Fiktionalität und erkennen, dass es sich bei den historischen Personen (linke Seite) um Vertreter dreier *Nationen,* bei den fiktionalen Figuren (rechte Seite) dagegen um Vertreter dreier *Generationen* handelt. Diese Beobachtungen werden in das Tafelbild (S. 35) integriert.

- *Was unterscheidet die Figurengruppen auf der linken und rechten Tafelseite?*

Die gesammelten biografischen und historischen Daten werden schließlich für einen Zeitstrahl ausgewertet. Das früheste Datum ist das Geburtsjahr des NSDAP-Funktionärs Wilhelm Gustloff (1895), das späteste der Mord an Wolfgang Stremplin (1997) bzw. die Zerstörung des Modellschiffes im Gefängnis (1999). Grass verarbeitet in seiner Novelle also gut 100 Jahre deutscher Zeitgeschichte. Der 30. Januar 1945 markiert als Datum des Schiffsunglücks die Mitte des Zeitstrahls. Da der 30. Januar aber auch an Hitlers Machtergreifung und damit an den Beginn der Nazidiktatur erinnert, ist der Geburtstag des Ich-Erzählers in doppelter Weise von der NS-Vergangenheit überschattet.

- *Welche historische Spanne umfasst die erzählte Zeit? Welches ist das früheste Datum, welches das späteste, das wir auf dieser Zeitachse eintragen können? Welches Datum liegt genau auf der Mitte der Achse?*

Zeitachse:

1895 ——————— **1945** ——————→ **1997**

Geburt von W. Gustloff — Untergang der „Gustloff" — Mord an W. Stremplin

Der 30. Januar als „verfluchtes" Datum:

30.1.1895 ——→ Geburt Wilhelm Gustloffs
30.1.1933 ——→ Machtergreifung der Nationalsozialisten
30.1.1945 ——→ Untergang der „Gustloff"
30.1.1945 ——→ Geburt Paul Pokriefkes

Günter Grass: Im Krebsgang

Historische Personen (real)

Drei Nationen

Wilhelm Gustloff

30.1.1895 (Schwerin) – 4.2.1936 (Davos) Landesgruppenchef der NSDAP in der Schweiz, nach seiner Ermordung NS-Held, Namengeber des Schiffes

Alexander Marinesko

1913–1963, russischer U-Boot-Kommandant (S13), versenkt die „Gustloff"

David Frankfurter

1909–1984, jüdischer Medizinstudent, erschießt Wilhelm Gustloff 1936

Literarische Figuren (fiktional)

Drei Generationen

Tulla Pokriefke

geb. 1927 in Danzig, Überlebende des Schiffsuntergangs

Paul Pokriefke

am Tag des Schiffsuntergangs geboren (30. Januar 1945)

Konrad Pokriefke

geb. 1980, Bewunderer von Wilhelm Gustloff, erzählt Geschichte des Schiffes im Internet

Funktionen der „Wilhelm Gustloff" bis zu ihrem Untergang:

1. Urlaubsschiff der KdF-Flotte (1938–39)
2. „Schwimmendes Wahllokal" (10.4.1938)
3. Truppentransporter (Spanischer Bürgerkrieg, Mai 1939)
4. Lazarettschiff (1939)
5. Kaserne/Ausbildungsschiff für U-Boot-Lehrdivision (1940–45)
6. Flüchtlingsschiff (1945)

↓

Die „Gustloff" symbolisiert Glanz und Untergang des Dritten Reiches.

Bei der abschließenden Interpretation des Strukturmodells können die Schüler auf die zentrale Stellung der *Gustloff* eingehen und deren strukturbildende Funktion in der Komposition der Novelle wahrnehmen, sie können ferner die Vermischung von historischer Realität und Fiktionalität reflektieren und begründen, weshalb Grass dieses Verfahren überhaupt anwendet. Ferner wird erkennbar, wie genau Grass die Novelle in der Ereignisdatierung und in der Personenkonstellation durchkonstruiert hat.

- *Betrachten Sie das erarbeitete Strukturmodell. Welche Erkenntnisse lassen sich daraus ziehen?*
  Warum vermischt Grass historische und fiktionale Elemente?

Notizen

Die NS-Freizeitorganisation „Kraft durch Freude"

1. *Lesen Sie folgende Auszüge aus der „Krebsgang"-Novelle.*
a) S. 32f., 39 und 66f.; b) S. 52; c) S. 190. Welche Funktionen der Organisation werden angesprochen? Strukturieren Sie Ihre Ergebnisse an der Tafel!

2. *Ordnen Sie folgende Plakate den verschiedenen Funktionen der Organisation zu. Begründen Sie Ihre Entscheidung.*

Plakat 1

Plakat 2

Plakat 3

Plakat 4

Die Flucht aus Ostpreußen

Flüchtlingstreck 1945

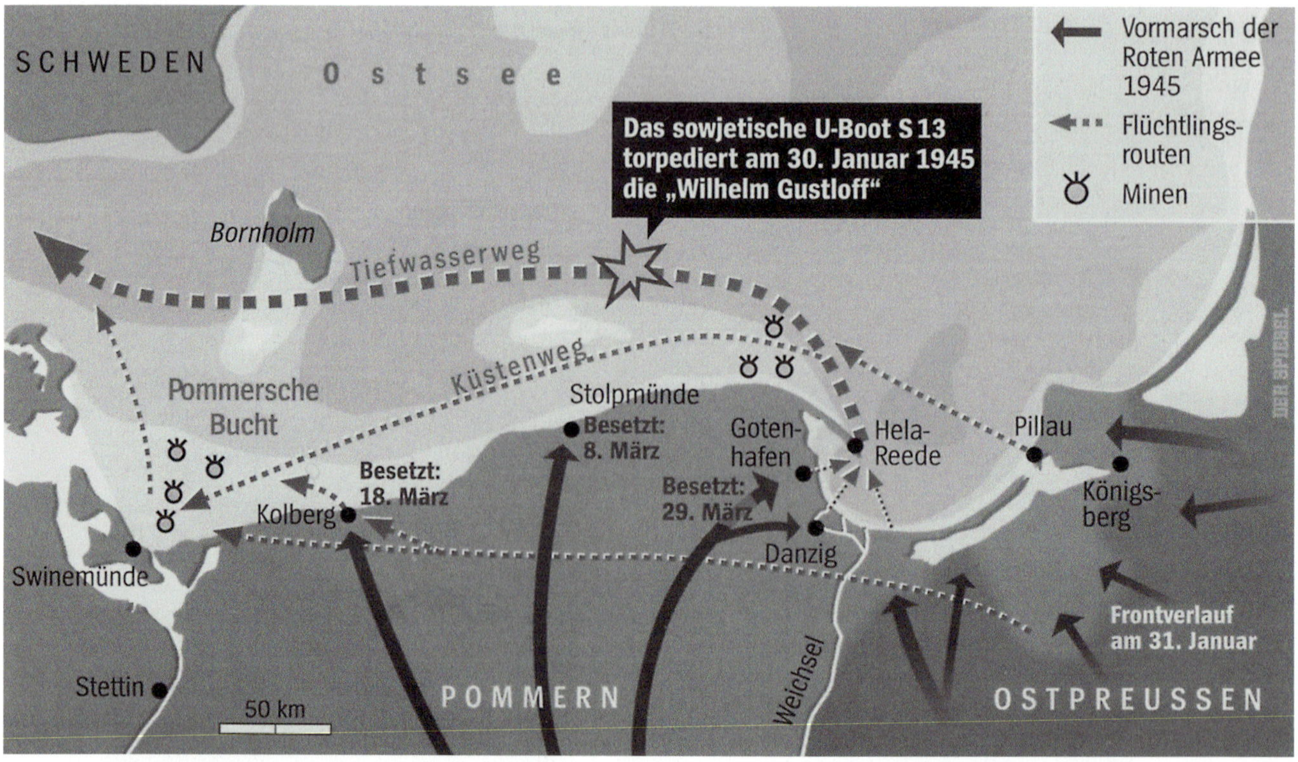

Der Weg der Wilhelm Gustloff

Flucht und Vertreibung der Deutschen im Zweiten Weltkrieg

Zur Epoche der totalen Kriege im 20. Jahrhundert gehören auch Vertreibungsaktionen von einem beispiellosen Ausmaß. Am Anfang steht der mitten im Ersten Weltkrieg vom Osmanischen Reich veranstaltete Genozid[1] an den Armeniern: Rund 1,5 Millionen Menschen fielen ihm zum Opfer. [...]
Nach Kriegsende wurden [...] 1,5 Millionen Griechen aus Kleinasien vertrieben, im Gegenzug 600 000 Türken aus dem europäischen Gebiet auf der anderen Seite des Bosporus. [...]
In den Religionskriegen des 16. und 17. Jahrhunderts waren zwar auch Abertausende vertrieben worden oder ins Exil gegangen, so zogen etwa hunderttausende von calvinistischen Hugenotten[2] aus Frankreich nach Holland oder Preußen. Aber die Zeitgenossen des frühen 20. Jahrhunderts empfanden die von Massakern begleitete Vertreibung der Armenier, Türken und Griechen zu Recht als einen [...] neuartigen Vorgang.
Er stand auch Hitler und der NS-Führung klar vor Augen. Als der „Führer" im August 1939 der Generalität den Charakter des künftigen Ostkrieges beschrieb, zu dem auch Bevölkerungsverschiebungen gehören würden, suchte er Einwänden mit der zynischen rhetorischen Frage zu begegnen: „Wer redet heute noch von der Vernichtung der Armenier?"
Unmittelbar danach hat die nationalsozialistische Bevölkerungspolitik der „ethnischen Flurbereinigung", wie sie im SS-Jargon hieß, einen neuen Höhepunkt der Massenvertreibung erreicht. Ihr folgte seit 1944 der Gegenschlag, der im größten Exodus der neueren Geschichte zur Vertreibung und Flucht von rund 14 Millionen Deutschen und „Volksdeutschen" führte.
Jahrzehntelang blieb die Diskussion über dieses euphemistisch[3] „Transfer" genannte Verbrechen eine Sache der [...] Vertriebenenverbände. Dagegen wurde die allgemeine Öffentlichkeit in Westdeutschland – in der [...] DDR blieb das Thema ohnehin tabu – durch dieses Problem nur relativ selten bewegt. Diese Zurückhaltung besaß geraume Zeit ihre Berechtigung. Denn die Deutschen mussten sich erst den eigenen Verbrechen stellen, mithin die Gefahr vermeiden, deutsches Leid sogleich gegen deutsche Untaten aufzurechnen – etwa gegen das Menschheitsverbrechen des Holocaust. [...]
Erst in den letzten zehn, fünfzehn Jahren ist Bewegung in diese Problematik geraten. Mit der Fusion[4] der beiden Neustaaten von 1949 entstand erstmals ein deutscher Staat, der ohne Grenz- und Minderheitenprobleme existiert. Diese neuartige Konstellation erleichtert die nüchterne Analyse. [...] Überdies haben die Balkankriege der 1990er-Jahre die Gräuel der „ethnischen Säuberung" erneut heraufbeschworen. Sie erinnern an die Erfahrungen der Vertriebenen ein halbes Jahrhundert zuvor, und sie demonstrieren auch den damals nicht betroffenen jüngeren Deutschen die barbarischen Schrecken dieser Gewaltpolitik. [...]
Wie konnte es zu den Massenvertreibungen in Osteuropa und Ostdeutschland kommen: erst der Polen durch die deutsche Besatzungsherrschaft, dann der Deutschen und „Volksdeutschen" in Polen und der Tschechoslowakei, in Ungarn, Rumänien und Jugoslawien? [...] Den Anfang machte die NS-Politik, mitten in Europa, mit einer riesigen „Umsiedlung" von Polen, um für „Volksdeutsche" aus Osteuropa Platz zu schaffen [...]. Hitler hatte im Herbst 1939 die Neuordnung der nationalen Landkarte Europas angekündigt. Dem „Reichsführer SS" Heinrich Himmler wurde als neu ernanntem „Reichskommissar für die Festigung Deutschen Volkstums" die umfassende Germanisierung des Ostens übertragen. Dort sollte ein riesiges Vorfeld des „Großgermanischen Reiches" entstehen, besiedelt mit „volksdeutschen" und reichsdeutschen Wehrbauern. Nach dem Überfall auf die Sowjetunion sollte sich dieses Gebiet bis zum Ural erstrecken, da der [...] „Generalsiedlungsplan" eine derartige Expansion mit einer kühl einkalkulierten Verlustquote von rund 32 Millionen Russen vorsah. Zunächst wurden in kurzer Zeit 500 000 Polen aus Westpreußen und Posen in das südliche Restpolen [...] abtransportiert, während zwei Millionen polnische Zwangsarbeiter ins Reich verschleppt wurden. In die entleerten polnischen Dörfer wurden „volksdeutsche" Umsiedler eingewiesen, die nach drei, vier Jahren vor der Roten Armee flüchteten. [...]
Hinzu kam seit 1941 [...] auch noch die rabiate Umsiedlungspolitik Stalins. Der ließ, als die deutschen Truppen schnell vorrückten, ganze Völkerschaften, wie etwa die Tschetschenen, und die große Minderheit der Wolgadeutschen wegen des Kollaborationsrisikos in die kasachische Steppe abtransportieren, ohne jede Rücksicht auf die horrenden Verluste an Leben. [...] Nach dem Kriegsende erwies sich: Der gewaltsame „Transfer" als Folge deutscher und russischer Politik hatte den Erfahrungs- und Denkhorizont der Zeitgenossen unheilvoll ausgeweitet. Die Planung eines neuen „Transfers" der deutschsprachigen Minderheiten aus Osteuropa und der deut-

[1] Völkermord
[2] Anhänger der protestantischen Religionslehre Calvins
[3] Euphemismus = sprachliche Schönfärberei
[4] Gemeint ist die deutsche Wiedervereinigung.

schen Bevölkerung aus Ostdeutschland galt seither als ein legitimes Mittel zur Beseitigung künftiger Konflikte [...], zugleich als verständlicher Racheakt, um den Todfeind aus dem eigenen Land oder aus dem soeben annektierten ehemaligen deutschen Staatsgebiet möglichst lückenlos zu vertreiben. Als Folge des anlaufenden „Transfers“ wurden die Deutschen, sofern sie nicht rechtzeitig geflüchtet waren, mit gnadenloser Härte vertrieben. Die riesige Verlustziffer liegt weit über einer Million, nähert sich aber vielleicht, wenn man die späteren Todesfälle als Folge wochenlang anhaltender Transporte oder Trecks mit einbezieht, sogar der Zwei-Millionen-Grenze.

Wurde dadurch tatsächlich, wenn man das unermessliche Leid einmal verdrängt, der innere Frieden in Europa gesichert, wie das die politisch verantwortlichen Akteure anfangs beansprucht haben? Hunderttausende von deutschsprachigen Bewohnern Ungarns und Rumäniens, wo keine derart fanatische Vertreibung wie in Polen oder in der Tschechoslowakei stattfand, warfen mit ihrer Anwesenheit für diese Staaten kein gravierendes Problem auf. Die inhumane Vertreibung aus Polen, der Tschechoslowakei und aus Jugoslawien löste auch nicht die inneren Nachkriegsprobleme dieser Länder [...].

Ein bitter erkaufter Gewinn: Die Bundesrepublik hat heute keine [...] „unerlösten“ Minderheiten jenseits ihrer Ostgrenzen, auch wenn eine Landsmannschaft wider alle Vernunft die kleine deutsche Minderheit in Polen künstlich zu vergrößern sucht.

[...] Die verblüffend schnelle Integration der Vertriebenen und Flüchtlinge in die Wachstumsgesellschaft des westdeutschen Wirtschaftswunders verhinderte einen militanten Revanchismus[1], mithin die Erzeugung gefährlicher Spannungen nicht nur in Deutschland, das die Alliierten doch hatten ruhig stellen wollen.

Was bleibt? Die osteuropäischen Siedlungsgebiete und die ostdeutschen Provinzen sind ein für allemal verloren. Es überlebt ein wenig Folklore, die Erinnerung an historische Leistungen, für Ältere die nostalgische Beschwörung der Heimat. Millionen zahlten mit dem Verlust ihrer Heimat und den erlebten Schrecken der Vertreibung einen hohen Preis für den zweiten verlorenen totalen Krieg, für den Gegenschlag gegen die nationalsozialistische Bevölkerungspolitik. Doch die Lebensverhältnisse in der Bundesrepublik haben es ermöglicht – und ermöglichen es weiterhin –, diese Bürde zu ertragen.

Sollte es in naher Zukunft tatsächlich zu einem „Zentrum der Erinnerung“ an die Vertreibung kommen, müssen zwei Vorbedingungen erfüllt sein. Zum einen müsste eine solche Begegnungsstätte der Erinnerung einer gemeineuropäischen Katastrophe gewidmet sein, mithin nicht auf eine isolierte Behandlung der Vertreibung der Deutschen beschränkt werden. Zum anderen läge ein solches Zentrum ungleich besser in Breslau als in Berlin. Denn in Schlesien fördert es die Verständigung mit Polen, das ebenfalls den Millionen seiner Vertriebenen eine neue Heimat schaffen musste. Vor allem aber implizierte die symbolpolitische Konkurrenz eines Berliner Zentrums mit dem Holocaust-Denkmal die Gefahr, dass in nächster Nähe des Totenmals doch noch eine Aufrechnung unvergleichbaren Leidens unternommen würde.

Hans-Ulrich Wehler, in: Stefan Aust, Stephan Burgdorff: Die Flucht. © 2002 Deutsche Verlags-Anstalt, München, in der Verlagsgruppe Random House GmbH und SPIEGEL-Buchverlag, Hamburg

Lesen Sie den Text und bearbeiten Sie folgende Aufgaben, damit Sie Ihre Stammgruppen anschließend über Ihr Thema informieren können:

1. *Seit wann wird über die Flucht und Vertreibung der Deutschen hierzulande offen diskutiert? Welche Erklärungen gibt es dafür?*

2. *Worin sieht der Autor die Ursachen für die Vertreibung der Deutschen aus Osteuropa?*

3. *Wie hoch ist die Zahl der Todesopfer unter den deutschen Flüchtlingen?*

4. *Wodurch wurden revanchistische Tendenzen bei den Flüchtlingen nach dem Krieg verhindert?*

5. *Was spricht nach Auffassung Wehlers gegen den Standort Berlin für ein „Zentrum der Erinnerung“ an die Vertreibung?*

[1] Forderung nach Wiedergutmachung oder Vergeltung

Die Flucht aus Ostpreußen im Winter 1944/45

2,5 Millionen Deutsche lebten 1944 in Ostpreußen, 1,9 Millionen in Ostpommern, 4,7 Millionen in Schlesien: Wochen und Wochen wäre Zeit gewesen, sie alle rechtzeitig in Sicherheit zu bringen, rechtzeitig vor diesem mörderischen Winter, der so kalt wurde, dass erschöpfte Flüchtlinge am Wegesrand einfach zu Eisblöcken erfroren.

Aber in Hitlers Reich war Weglaufen verboten in jenem goldenen Oktober 1944. Heinrich Himmler hatte auf einer Gauleitertagung in Posen verkündet, dass die Ausweitung des germanischen Reiches nach Osten „selbstverständlich" bevorstehe: „Es ist unverrückbar, dass wir hier die Pflanzgärten germanischen Blutes im Osten errichten." Was für ein Bild!

Unverrückbar war es da für den ostpreußischen Gauleiter, Erich Koch, in Königsberg, dass Fluchtvorbereitungen nur eine besonders infame Art der Sabotage sein konnten. Landräte, Kreisleiter und Bürgermeister des Gaus bekamen Anweisung, jeden, der so etwas plane, sofort zu melden. [...]

Im Büro von Doktor Wander, dem Bürgermeister von Insterburg, geht ein Stapel Briefe von der vorgesetzten Stelle in Königsberg ein: streng geheim und im Tresor zu deponieren. Erst wenn das Kennwort „Zitronenfalter" fällt, dürften diese Briefe an Wirtschafts- und Handwerksleute in Insterburg verteilt werden. Sie enthalten die Aufforderung, Maschinen und Vorräte – nicht aber Menschen – per Bahn nach Westen zu schicken. Als der Bürgermeister am Tag nach den Geschehnissen von Nemmersdorf bei der Gauleitung in Königsberg darum bittet, Transportzüge für die Flüchtlinge herzuschicken, die sich, aus dem Osten kommend, schon jetzt am Bahnhof drängeln, wird er spöttisch gefragt, ob er Fieber habe. [...]

Am 12. Januar 1945 rollen russische Panzer in Ostpreußen ein, und niemand hält sie mehr auf. Keine Zeit mehr für „Zitronenfalter" – nun fliehen die Menschen panikartig in Richtung Westen. Die Züge, die den Bahnhof der Metropole Königsberg verlassen, sind schon am ersten Tag überfüllt.

Es sind meistens Frauen und Kinder, die überstürzt Haus und Hof im Stich lassen. Die Männer dienen entweder an der Front, oder sie gelten, unter Aufsicht der NSDAP, als unabkömmlich beim „Volkssturm", dem letzten Aufgebot zur Verteidigung.

Drei Tage später geht schon fast gar nichts mehr. Die verschneiten Straßen sind von Flüchtlingstrecks verstopft, ein träger Wurm aus Planwagen, von Pferden oder von Menschen gezogen, und dick vermummten Gestalten, die sich mit dem wichtigsten Hab und Gut, ein paar Koffern und Eimern mit Lebensmitteln, aus ihrer Heimat aufgemacht haben.

Alles, was sie besitzen, lassen sie zurück, die Häuser unverschlossen, das Vieh losgebunden. Und das bisschen, was sie mitnehmen, werden sie unterwegs meist auch noch verlieren. [...]

Den flüchtenden Ostpreußen bleibt nur noch der Weg übers Wasser. Von Königsberg ist lediglich ein schmaler Streifen zum rettenden Hafen von Pillau frei geblieben, in dem nun die ersten großen Flüchtlingsschiffe beladen werden. Für die meisten führt der Weg zur Küste zu Fuß übers zugefrorene Frische Haff, das zwischen Königsberg und Danzig wie ein Riegel vor Ostpreußen liegt – von der Ostsee nur mehr durch einen schmalen Landstreifen, die Frische Nehrung, getrennt. Für Zigtausende ist das der einzige Weg in die Freiheit.

Heiligenbeil am Haff: das letzte Mal fester Boden unter den Füßen. Von hier geht's aufs Eis. Auf dem neuen Friedhof werden täglich um halb drei die eingesammelten Erfrorenen begraben, durchschnittlich sind es 50, die in Papiertüten den letzten Segen bekommen. Särge sind keine mehr da.

Wieder so ein strahlender Wintertag. Das Weiß der riesigen Eisfläche schneidet ins Auge. 20 Kilometer lang ist der Weg übers Haff. Er ist von Soldaten mit Bäumchen markiert worden, doch die braucht es bald nicht mehr. Stattdessen säumen Erfrorene, die einfach liegen bleiben, tote Tiere oder zerschmetterte Wagen den Pfad – und Eislöcher.

Mehrere Wagen sind eingebrochen, Menschen und Pferde im schwarzen Wasser einfach verschwunden. Die endlose Karawane macht kleine Kurven um solche Stellen.

Eine schaurige Flucht. Der Himmel am Horizont schimmert blutrot und violett – das sind die von den Russen bereits erreichten brennenden Städte. Nachts wird es zwar noch kälter, aber dafür können die feindlichen Flieger die Marschkolonne nicht ausmachen. Die Wasserfontäne, die tagsüber hochspritzt, wenn eine Bombe das Eis durchschlägt, ist weithin zu sehen.

Eine Abiturientin aus Lyck in Ostpreußen war mit Mutter und Schwester unterwegs: „Das Eis war brüchig. Stellenweise mussten wir uns durch 25 Zentimeter tiefes Wasser hindurchschleppen. Mit Stöcken tasteten wir ständig die Fläche vor uns ab. Bombentrichter zwangen uns zu Umwegen. Häufig rutschte man aus und glaubte sich bereits verloren. Aber die Todesangst vertrieb die Frostschauer, die über den Körper jagten.“

Die Tieffliegerangriffe der Roten Armee auf die wehrlosen Flüchtlinge, deren dunkle Leiber sich von dem verschneiten Eis wie Schießbudenfiguren abheben, haben das Haff zum Symbol sowjetischer Kriegsverbrechen werden lassen. Als der Frühling kam und das Eis brach, schwemmte das Wasser Tausende von Körpern an den Strand.

Fluchtpunkt Pillau: Das Hafenstädtchen auf der Nehrung zeigt sich diesem Ansturm durchgefrorener Eiswanderer nicht gewachsen. Am 26. Januar ist dort auch noch die Munitionsfabrik explodiert und hat weite Teile der Stadt verwüstet. Am Hafenkai steht unverrückbar eine Menschenmauer und wartet auf eine Schiffspassage. Wer in dem Gedränge ins eisige Wasser fällt, hat keine Chance mehr.

Für Sonntag, den 28. Januar, werden 8000 Flüchtlinge erwartet, es kommen aber 28 000, viele per Schiff aus dem nahen Königsberg. Die Kriegsmarine bringt die Menschen provisorisch in Kasernen unter.

Wenn Boote anlegen, um Passagiere für die großen Schiffe aufzunehmen, die auf der Ostsee liegen, gibt es regelmäßig ein Chaos am Kai. Frauen werfen ihre Kinder den Rettern ins Wasser entgegen, nur um wenigstens ihnen einen Platz zu sichern – und damit sie an Land nicht totgedrückt werden.

Thomas Darnstädt, Klaus Wiegrefe: „Vater, erschieß mich!“ In: Stefan Aust, Stephan Burgdorff: Die Flucht. © 2002 Deutsche Verlags-Anstalt, München, in der Verlagsgruppe Random House GmbH und SPIEGEL Buchverlag, Hamburg

Lesen Sie den Text und bearbeiten Sie folgende Aufgaben, sodass Sie Ihre Stammgruppe anschließend über Ihr Thema informieren können:

1. *Warum fand die Flucht der ostpreußischen Zivilbevölkerung so überstürzt und deshalb schlecht organisiert statt?*
2. *Was verbarg sich hinter der „Operation Zitronenfalter“?*
3. *Welchen Weg wählten die meisten ostpreußischen Flüchtlinge auf ihrer Flucht vor der Roten Armee? Zeigen Sie ihn auf der Landkarte, begründen Sie die Wahl dieses Fluchtweges und beschreiben Sie die besonderen Schwierigkeiten, die sich auf diesem Weg ergaben.*

„Vater, erschieß mich!" Die Geschehnisse in Nemmersdorf

In Nemmersdorf lebt heute niemand mehr, der sich daran noch erinnern kann. Der Ort heißt heute Majakowskoje, und jetzt wohnen Russen in den kleinen Häusern mit den grauen Dächern. Von der Brücke über den Fluss Angerapp sind nur Steinreste und ein Pfeiler übrig, der mitten aus dem Wasser ragt.

Wer konnte, ist damals rechtzeitig geflohen – oder wenigstens danach.

Danach? Gibt es das überhaupt?

Am 21. Oktober 1944, als eine Vorhut der Roten Armee über das ostpreußische Nemmersdorf herfiel, war für Millionen Deutsche die Geschichte zu Ende. Das Massaker von Nemmersdorf war der Vorbote von Flucht und Vertreibung, mit der alles zerfiel in Hass, Hunger, Entwürdigung, Angst. Hunderttausende, vielleicht sogar zwei Millionen überlebten die Katastrophe nicht.

Als am 21. Oktober noch der Frühnebel über der ostpreußischen Moränenlandschaft lag, rollten die sowjetischen Tanks des 2. Bataillons der 25. Panzerbrigade die Chaussee von Gumbinnen herab. Die erschöpften Rotarmisten waren seit Tagen im Einsatz. Verbissen verteidigte die Wehrmacht die Ostgrenzen des Reiches.

Über drei Jahre hatten die Landser auf polnischem und russischem, ukrainischem und lettischem Boden Hitlers Vernichtungskrieg geführt – und waren zurückgeworfen worden. Nun standen Stalins Truppen erstmals auf deutschem Siedlungsgebiet.

Bei Nemmersdorf, vor den sowjetischen Panzern auf dem schmalen Damm zur Brücke über die Angerapp, drängten sich die Fuhrwerke der Bauernfamilien, die aus den umliegenden Weilern und Gemeinden geflohen waren. Der Weg nach Westen führte über den Fluss.

Als er die Brücke sah, ließ der Kommandeur Vollgas geben. Um 7.30 Uhr war sie eingenommen, und hinter den Panzern verquoll auf dem Damm ein Brei aus Pferdekörpern und dem Holz der Fuhrwerke, dazwischen wohl auch Menschenleiber.

Gerda Meczulat lebte auf der westlichen Seite des Flusses. Ihr Vater Eduard, 71, hatte sich gegen die Flucht entschieden. Die Meczulats besaßen keinen Wagen. Mit einigen anderen Dorfbewohnern suchten sie in einem Unterstand Schutz.

Was dort passierte, ist bis heute nicht vollkommen geklärt. Gerda Meczulat berichtete später, dass die ersten Russen am frühen Nachmittag in den Unterstand eindrangen. Sie durchwühlten das Handgepäck, waren aber dabei unerwartet freundlich. Einer spielte sogar mit den Kindern. Doch am Abend erschien ein Offizier und befahl die Deutschen barsch nach draußen.

„Als wir rauskamen, standen zu beiden Seiten des Ausgangs Soldaten mit schussbereiten Gewehren. Ich fiel hin, da ich eine Kinderlähmung habe, wurde hochgerissen und spürte in der Aufregung nichts mehr. Als ich zu mir kam, hörte ich die Kinder schreien und Gewehrschüsse. Dann war alles still."

Gerda Meczulat überlebte – schwer verletzt – als Einzige, weil der Soldat, der sie töten wollte, ungenau gezielt hatte.

Als die Wehrmacht die 637-Seelen-Gemeinde am Morgen des übernächsten Tages zurückeroberte, fand sie wenigstens zwei Dutzend Leichen von Frauen, Kindern und Alten vor. Rotarmisten hatten sie erschossen oder ihnen den Schädel eingeschlagen.

Wie viele Frauen wurden vergewaltigt? Stimmt es wirklich, dass Menschen nackt an ein Scheunentor genagelt worden waren? Oder handelte es sich nur um die Propaganda von Joseph Goebbels, der das Massaker umgehend zum Beleg für das „Wüten der sowjetischen Bestien" hochputschte?

Über die Details der grauenvollen Szene von Nemmersdorf streiten Historiker und Vertriebenenpolitiker oft mit Zorn. Verharmloser? Revanchisten? Nemmersdorf ist zu einem Inbegriff deutschen Leids geworden.

Es lässt sich nicht bestreiten: Am 21. Oktober 1944, im vierten Jahr des Vernichtungskrieges gegen die Sowjetunion, zeigte sich in Nemmersdorf, dass aus einem Volk der Täter ein Volk der Opfer wurde.

1. *Lesen Sie den Text und arbeiten Sie heraus, was im Herbst 1944 im ostpreußischen Nemmersdorf geschah. Notieren Sie alle Fakten (Daten, Zahlen, Ereignisse), damit Sie Ihre Stammgruppe anschließend informieren können.*

2. *Welche Symbolfunktion hatten/haben die Ereignisse von Nemmersdorf für*
   a) die ostpreußische Bevölkerung
   b) Joseph Goebbels und das Propagandaministerium
   c) heutige Historiker?

3. *Finden Sie Nemmersdorf auf der Landkarte.*

Flucht über die Ostsee: Die größte Rettungsaktion der Seegeschichte

Die Flucht über die Ostsee war das tragische Schlusskapitel des Zweiten Weltkriegs. Es begann im Frühjahr 1944 mit dem [...] schnell fortschreitenden Rückzug deutscher Truppen und Marineeinheiten aus dem Baltikum und dem finnischen Meerbusen und endete, als der Krieg bereits zu Ende war, in dem schleswig-holsteinischen Hafen Flensburg.

Das größte Rettungswerk der Seegeschichte, das mehr als zweieinhalb Millionen Menschen Leben und Freiheit sicherte, war ein Akt der Humanität. Es entstand aus dem Nichts.

Während die Seekriegsleitung und das Oberkommando der Wehrmacht im Verlauf des Krieges eine Vielzahl von Operationen [...] in monatelanger Generalstabsarbeit vorgeplant und durchgespielt hatte, entwickelte sich die Flucht über die Ostsee, die Evakuierung von über zweieinhalb Millionen Menschen mit mehr als 1000 Handels- und Kriegsschiffen, ohne jede Vorplanung.

Weder das Oberkommando der Kriegsmarine noch ein einziger Admiralstabsoffizier hatten sich vorher mit der Frage beschäftigt, was geschehen müsse, wenn plötzlich Hunderttausende Menschen aus [...] Ostpreußen, Westpreußen, Danzig und Pommern über die Ostsee abzutransportieren wären, woher der erforderliche Schiffsraum kommen sollte, wie Frachtschiffe in kurzer Zeit auf einen Transport von Menschen umgerüstet werden könnten und woher Kohle und Öl in ausreichender Menge für diese logistischen Aufgaben zu beschaffen seien. [...]

Nichts war vorbereitet, obwohl bereits im Frühjahr, spätestens im Sommer 1944 zu erkennen war, dass sowohl an der Landfront das Vordringen sowjetischer Truppen in Richtung Ostpreußen und Ostseeküste wie an der Seefront der Verlust [...] der östlichen Ostsee bevorstand. Im Gegenteil. Die Partei- und Reichsführung versuchte mit immer wieder vorgebrachten Parolen der ostdeutschen Bevölkerung den Glauben an die „Wunderwaffen“ und den „Endsieg“ vorzugaukeln. Die rechtzeitige Evakuierung der Zivilbevölkerung wurde strikt verboten.

In den letzten Augusttagen 1944 hatten britische Bomber [...] große Teile der Innenstadt von Königsberg in Schutt und Asche gelegt. Im Oktober drangen die Sowjets [...] erstmalig in den Raum Gumbinnen [...] in Ostpreußen ein, konnten aber in schweren Kämpfen von deutschen Truppenteilen zurückgeworfen werden.

[...] In den Anlandehäfen Danzig und Gotenhafen stauten sich inzwischen die Flüchtlingsmassen, weil die Kapazitäten der Bahn nicht mehr ausreichten, um diese abzutransportieren.

Beginn der Massenflucht in die Häfen

Mit dem Beginn der sowjetischen Winteroffensive am 13. Januar 1945 auf Königsberg, die Danziger Bucht und Pommern setzte die Massenflucht in die Häfen ein. Die Marine sah sich plötzlich, für viele unerwartet, vor eine gewaltige Aufgabe gestellt [...]. Hunderttausende Flüchtlinge, zumeist Frauen, Kinder und alte Menschen, zogen in langen, eilends gebildeten Trecks über vereiste und schneebedeckte Straßen nach Westen oder Norden, stürmten die letzten Eisenbahnzüge oder machten sich bei Minustemperaturen von bis zu 25 Grad zu Fuß auf in den nächsten Hafen.

Das Oberkommando der Kriegsmarine verlegte daraufhin die [...] in Pillau, Danzig und Gotenhafen stationierten U-Boot-Lehrdivisionen mit ihren Booten und den großen Passagierschiffen, die der Marine als „Wohnschiffe“ dienten, nach Westen. Der Oberbefehlshaber der Kriegsmarine, Großadmiral Dönitz, ordnete an, dass der für den Transport von Soldaten, Verwundeten und Marinehelferinnen auf den großen Passagierschiffen nicht benötigte Schiffsraum für die Evakuierung der „nicht kampffähigen Bevölkerung“, vorrangig Mütter mit Kindern, genutzt werden sollte.

Bereits am 25. Januar 1945 verließ der erste große mit Flüchtlingen besetzte Geleitzug den ostpreußischen Hafen Pillau. Gesichert von Kriegsschiffen erreichten „Robert Ley“, „Pretoria“, „Ubena“ und „Duala“ ohne Feindeinwirkung mit insgesamt 22 000 Menschen an Bord den Zielhafen Warnemünde.

Am 26. Januar 1945 hatten sowjetische Panzerverbände [...] die Stadt Elbing am Frischen Haff erreicht und unternahmen den Versuch sie einzunehmen. Dies gelang vorerst nicht, aber es glückte ihnen, den Landweg nach Westen zu sperren, ebenso die Eisenbahnverbindung. Das bedeutete, dass niemand mehr mit der Bahn nach Westen fahren konnte und dass es für Trecks keinen Fluchtweg Richtung Oder und weiter gab. Als letzte Möglichkeit, in den noch unbesetzten Teil Deutschlands zu gelangen, blieb nur der Weg über die Ostsee. Um auf ein Schiff zu kommen, das Hoffnung auf Rettung bot, musste man entweder den Hafen von Pillau erreichen oder zunächst versuchen, über das zugefrorene Frische Haff auf die Frische Nehrung zu gelangen, um von dort auf der Nehrungsstraße die Danziger Bucht mit ihren Häfen Gotenhafen oder Danzig-Neufahrwasser zu erreichen. Sowohl die einzige Straße auf der Nehrung als auch der Weg über das Haff waren lebensgefährlich. Sowjetische Bomber und Jagdflugzeuge griffen tagsüber die Trecks immer wieder an. Hunderte von Toten mussten auf dem Eis zurückgelassen werden, eine Bestattung war nicht möglich.

[...] Gotenhafen, das frühere polnische Gdingen, war in der letzten Januarwoche das Fluchtziel von über hunderttausend Menschen aus Ostpreußen, Westpreußen, Danzig und dem östlichen Pommern. Sie suchten im Hafen Schiffe, die sie über die Ostsee bringen würden. Eines der bekanntesten war die „Wilhelm Gustloff". [...] Am 30. Januar 1945 verließ die „Wilhelm Gustloff", die seit Mitte November 1940 von der [...] 2. Unterseeboots-Lehrdivision in Gotenhafen-Oxhöft als Wohnschiff genutzt wurde, den Oxhöfter Hafen, um in Alleinfahrt, nur von dem Torpedoboot „Löwe" gesichert, die Ostseehäfen Kiel und Flensburg zu erreichen. Doch das Schiff kam dort nie an.

10 582 Menschen, darunter fast 9000 Flüchtlinge, drängten sich auf dem total überladenen, für 1463 Passagiere und 417 Besatzungsmitglieder gebauten Schiff. [...] Alle hofften, viele beteten, dass diese Rettungsfahrt über die Ostsee gut enden würde [...]. Doch um 21 Uhr 16 zerrissen drei Torpedos, abgefeuert von dem sowjetischen U-Boot „S-13" die Schiffswände, gewaltige Wassermengen brachen in das Schiff ein, das sofort zu sinken begann. Die fürchterlichen Angstschreie tausender Menschen übertönten den Wassereinbruch. Der Weg aus dem Schiffsinneren die Treppen hoch zum Bootsdeck führte nur noch über totgetrampelte Menschen. Jeder wollte sein Leben retten. Doch nur 1239 gelang dies. Unter den Überlebenden, die in einer beispielhaften nächtlichen Rettungsaktion bei 18 Grad unter Null geborgen werden konnten, befanden sich nur 417 Flüchtlinge von insgesamt 8956, die auf der „Gustloff" Zuflucht gesucht hatten. Unter den 9343 Toten waren mehr als 5000 Kinder. [...]

Großadmiral Dönitz [...] ordnete an, dass mit Flüchtlingen beladene Handelsschiffe nur noch im Geleit, das von Kriegsschiffen gesichert war, die Fahrt nach Westen antreten dürften. [...]

Die Flotte der „Flüchtlingsschiffe": Vom Fischdampfer bis zur „Cap Arcona"

[...] Unter den Passagierschiffen, die in Königsberg, Pillau, Danzig, Gotenhafen [...] und anderen Häfen lagen, befanden sich außer der „Cap Arcona" noch viele andere bekannte Schiffe, so zum Beispiel „Robert Ley" [...]. Fast alle großen Ozean-Schiffe, die noch nicht durch Minen, Bomben oder Torpedos versenkt worden waren, wurden nun in der Ostsee eingesetzt. Die Kriegsmarine verfügte in diesem Seegebiet neben mehreren großen über acht kleine Lazarettschiffe [...] sowie die ausschließlich für den Massentransport eingerichteten Verwundetentransportschiffe [...]. Unerlässlich erschien Konteradmiral Engelhardt auch der Einsatz von Frachtschiffen [...]. Die ersten beiden Flüchtlingsschiffe, die Anfang Februar unter Begleitschutz aus der Danziger Bucht auf die Reise nach Westen ausliefen, waren die „Cap Arcona" mit 13 000 und der Dampfer „Deutschland" mit 12 000 Menschen an Bord. Die Schiffe kamen sicher in ihren Zielhäfen an. [...]

Mit dem unaufhaltsamen [...] Vormarsch sowjetischer Truppen in der ersten Februarhälfte 1945 wurde der Schreckensruf der Menschen – „Nur weg, bevor die Russen kommen" – in den bedrohten Gebieten immer [...] verzweifelter. Die von Angst gepeinigten Menschen flohen, nur das Nötigste mitnehmend, in eisiger Kälte, in Schneetreiben und Sturm. Das Fluchtziel aller waren zunächst die Ostseehäfen. [...]

Die Trecks kamen in mit Flüchtlingen überfüllten Häfen an. Ob in Pillau, Gotenhafen oder Danzig-Neufahrwasser, überall das gleiche Bild: Zehntausende warteten frierend und hungernd nach tagelanger Flucht [...] auf ein Schiff, das sie über die Ostsee bringen sollte.

Das Gedränge der Menschen und die Ungeduld, von einem Schiff aufgenommen zu werden, wurden immer größer. Bereits in der zweiten Februarwoche zeigte sich, dass für die Anzahl der abzutransportierenden Flüchtlinge noch mehr Schiffe benötigt wurden. Der „Seetransportchef Ostsee" setzte nun alle Wasserfahrzeuge, die noch seetüchtig waren [...], für die Rettungsaktion ein. [...]

Kolberg, Danzig und Gotenhafen fallen, Hela wird zum letzten Tor zur Freiheit

[...] Nachdem sowjetische Truppen mit einer gewaltigen Übermacht die deutschen Verteidiger der Danziger Bucht bis an die Stadtränder von Danzig und Gotenhafen zurückgedrängt hatten, mussten auch diese beiden wichtigen Häfen aufgegeben werden. [...] am 3. März wehte über Danzig und Gotenhafen die Rote Fahne. Damit wurden die Hoffnungen von mehr als 100 000 Menschen auf Rettung zerstört, die sich noch im Danziger Raum befanden und nun nicht mehr fliehen konnten.

Die Halbinsel Hela wurde Ende März 1945 zum letzten Tor zur Freiheit, zum Sprungbrett über die Ostsee. Weit über 100 000 Menschen, Flüchtlinge, Verwundete und Soldaten warteten hier auf ihre Evakuierung über die Ostsee. [...] Fast pausenlos schickte der Helaer Einschiffungsoffizier [...] Hilferufe an den „Seetransportchef" Konteradmiral Engelhardt [...] „Hela braucht Hilfe, 100 000 warten auf Schiffe." Am nächsten Tag waren es schon 120 000, und es kamen immer mehr. Sie wurden mit kleinen und kleinsten Schiffen aus Pillau und aus den Häfen der Frischen Nehrung in Sicherheit gebracht. Sie waren die Letzten, die noch aus Ostpreußen flüchten konnten. Um alle zu evakuieren, reichte die Zeit nicht mehr. [...]

1081 Schiffe retteten 2,5 Millionen Menschen, 250 Schiffe sanken, über 40 000 Menschen starben

Die größte humanitäre Leistung deutscher Seeleute, die Rettung von 2,5 Millionen Menschen mit 1081 Schiffen (672 Handelsschiffen und 409 Kriegsschiffen) wurde mit dem Kriegsende im Meer der Vergessenheit versenkt. Auch über die großen Tragödien, die sich bei der Rettungsaktion auf der Ostsee ereigneten, den Untergang der „Wilhelm Gustloff", „Steuben", „Goya" und vieler anderer Schiffe, deckte man den Mantel des Schweigens.

Mehr als 200 Flüchtlingsschiffe gingen bei der Flucht über die Ostsee verloren. Mehr als 40 000 Menschen, die gehofft hatten, vor der Roten Armee gerettet zu werden, fanden dabei den Tod. Millionen heimatlos gewordene Memelländer, Ostpreußen, Westpreußen, Danziger und Pommern waren seit Mitte 1944 zum Treibgut des von Hitler angezettelten Krieges geworden, der am 1. September 1939 in der Danziger Bucht begann, im Frühjahr 1945 dorthin zurückkam und am 9. Mai 1945 mit dem Marsch von über 100 000 deutschen Soldaten in die russische Gefangenschaft auf der Halbinsel Hela im Ausgang der Danziger Bucht endete.

Heinz Schön, in: Arno Surminski u. a.: Flucht und Vertreibung. Europa zwischen 1939 und 1948. Mit einer Einleitung von Arno Surminski. Hamburg: Ellert & Richter 2004, S. 100–117

1. *Die „größte Seerettungsaktion der Geschichte" wurde auch „Operation Hannibal" genannt. Lesen Sie den Text und informieren Sie die Mitglieder Ihrer Stammgruppe über die Evakuierungsaktion.*

2. *Stellen Sie Zahlen und Fakten zusammen, aus denen das Ausmaß der Operation, d. h. die Anzahl der geretteten Menschen, die Menge der eingesetzten Schiffe und die Bilanz der Verluste hervorgehen.*

3. *Zeigen Sie mithilfe der Landkarte die verschiedenen Phasen der Rettungsaktion bis zu ihrem Ende auf.*

Die große Flucht

(Auswertungsbogen für das Gruppenpuzzle zum *Krebsgang* von G. Grass)

Flucht und Vertreibung aus Ostpreußen im Winter 1944/45

Die Ereignisse
in Nemmersdorf

Die „Operation Hannibal"

Flucht und
Vertreibung im
Zweiten Weltkrieg

Dresden nach dem Luftangriff vom 13./14. Februar 1945

Die Deutschen – ein Volk von Opfern?

Die halbierte Erinnerung

Von Zeit zu Zeit wird das politische Gedächtnis von einer sonderbaren Unruhe erfasst. Ob beim Vergleich totalitärer Staatsverbrechen oder in den Debatten über Vertreibung und Antisemitismus, stets sind dieselben Reflexe zu erkennen. Mahnrufe [...] und persönliche Diffamierung begleiten den Diskurs um die Vergangenheit. Der Wiederholungszwang der halbierten Erinnerung kennt keinen Fortschritt. [...]

Der jüngste Anlass zur öffentlichen Erregung ist die Erinnerung an die Toten des alliierten Luftkriegs. Durch den Flächenbrand der Städte wurden Hunderttausende von Zivilisten verstümmelt oder getötet. Doch nicht die Tatsachen erregen die Gemüter, sondern die Erinnerung daran. Die Abwehr ist mitunter hart und missachtet einmal mehr die Regeln aller Logik. Da ist zunächst die Sorge um den Applaus von der falschen Seite. Wer den Bombenkrieg als Kriegsterror bezeichnet, gerät in den Verdacht, die Bataillone der politischen Reaktion zu stärken. Solch vorgespiegelter Kleinmut ist nicht nur moralisch erbärmlich, er zerstört die Basis jeder Debatte. Wer zuerst fragt, wem die Wahrheit nutzen könnte, anstatt festzustellen, welche Aussagen wahr und welche falsch sind, hat sich selbst jede Glaubwürdigkeit abgesprochen. Von der Tatsachenprüfung hat er sich schon verabschiedet, bevor sie überhaupt begonnen hat.

Da ist ferner der Verweis, alles sei längst bekannt und in unzähligen Standardwerken akribisch festgehalten. Dies Argument dient jedoch nur dazu, missliebige Themen aus dem Diskurs zu verbannen. Die Erinnerung an die Toten des Luftkriegs gilt als schändlich. Aus der Tatsache, dass sich manche Deutsche seinerzeit eher als Opfer denn als Mittäter oder Mitwisser fühlten, folgt mitnichten, dass sie keine Opfer waren. Jeder Zivilist, der im Feuersturm verbrannte, war ein Opfer des Massakers aus der Luft, unabhängig von seiner Überzeugung [...]. Es liegt in der Natur von Brandbomben, dass sie keinen Unterschied zu machen pflegen. Sie trafen fanatische Nazis ebenso wie aufrechte Regimegegner.

Da ist ferner der Verdacht der heimtückischen Aufrechnung. Wer an die Bombenopfer erinnert, will, so heißt es, entweder das eigene Schuldkonto aufbessern oder – schlimmer noch – nachträglich mit der Gegenseite abrechnen. Dieser Argwohn gründet auf demselben Trugschluss, den man dem Gegner unterstellt, der Vorstellung nämlich, fremde Untaten könnten eigene Verbrechen in ihrer Bedeutung mindern oder gar löschen. Dagegen ist an den alten Grundsatz zu erinnern: Jedes Verbrechen ist einzig aus sich selbst heraus zu bewerten und durch nichts zum Verschwinden zu bringen.

Was wäre wohl von einem Mörder zu halten, der seine Tat damit entschuldigt, es gebe schließlich noch andere Mörder? Selbstredend ist Kriegsterror von anderer Art als Verfolgungsterror, dennoch ist und bleibt er Kriegsterror, nämlich Krieg gegen Wehrlose durch die Erzeugung von Angst und Schrecken. Der deutsche Vernichtungsfeldzug im Osten tilgte die Demarkationslinie zwischen Krieg und Verbrechen, aber der Bombenkrieg verstieß gleichfalls [...] gegen das Kriegsvölkerrecht. Lübeck oder Hamburg verkleinern die deutsche Schuld an Auschwitz nicht im Geringsten. Umgekehrt ist es unzulässig, die Planierung von Kassel, Dresden oder Pforzheim mit Treblinka zu rechtfertigen. Bombenkrieg und Völkermord waren weder kausal noch intentional miteinander verknüpft.

Aufrechnungen mit umgekehrtem Vorzeichen liegen auch der Idee zugrunde, die deutsche Zivilbevölkerung habe sich den Massentod in den Bunkern selbst zuzuschreiben. Schließlich habe das NS-Regime mit dem totalen Luftkrieg in Warschau, Rotterdam und Coventry selbst begonnen. Wer anfängt, hat jedes Unrecht verdient – so die krause Logik dieser Kindermoral. Aber Unrecht kann unmöglich mit Unrecht geahndet werden. Mit dem Gleichheitsprinzip der Vergeltung hatte die Verwüstung der Städte nie etwas zu tun. In den Bomberkanzeln saßen weder Juden noch Polen oder Russen, die zur Heimzahlung jeden Grund gehabt hätten. Die Luftangriffe erreichten ihren Höhepunkt, als der Zweite Weltkrieg durch die alliierten Bodentruppen längst entschieden war.

Ein aufgeklärtes Bewusstsein bedarf keiner halbierten Erinnerung. Die Wahrnehmungssperren der Nachkriegszeit sind längst aufgehoben. Die eigene Täterschaft ist weitgehend im historischen Gedächtnis der Deutschen verankert. Daher kann die Erinnerung an die eigenen Opfer getrost zurückkehren.

Wolfgang Sofsky, in: Süddeutsche Zeitung vom 5.12.2002

1. *Lesen Sie den Text und markieren Sie die Argumente für und gegen das Gedenken an die zivilen deutschen Kriegsopfer mit verschiedenen Farben.*
2. *Übertragen Sie die Argumente in den Auswertungsbogen.*
3. *Welchem Argument können Sie voll zustimmen, welchem nicht? Begründen Sie!*
4. *Erklären Sie den Titel des Artikels.*

Auswertungsbogen zum Artikel von W. Sofsky

Die Deutschen – ein Volk von Opfern?

Notieren Sie hier die von Wolfgang Sofsky in seinem Artikel „Die halbierte Erinnerung" vorgebrachten Argumente für und wider das Gedenken an die deutschen Kriegsopfer.

Pro-Argumente	Kontra-Argumente

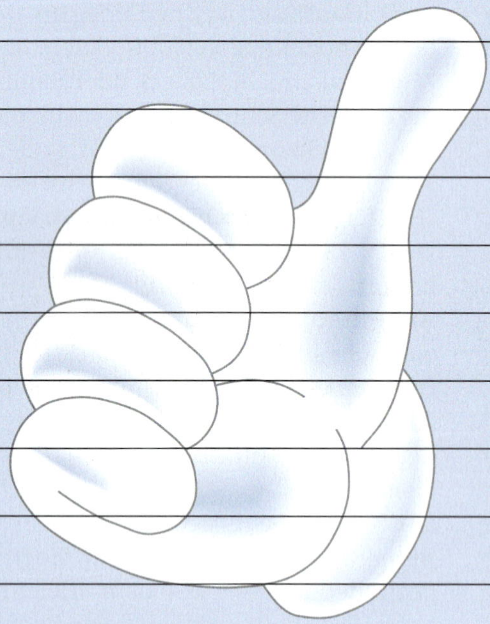

1. *Welchen Argumenten können Sie zustimmen, welchen nicht? Begründen Sie!*
2. *Gibt es weitere Argumente? Ergänzen Sie die Tabelle!*
3. *Veranstalten Sie nun eine Pro-Kontra-Diskussion (oder Fishbowl-Diskussion) und entfalten bzw. vertiefen Sie dabei die zusammengetragenen Argumente.*

Aussagen über die *Wilhelm Gustloff*

1. „Aus KdF-Theatern entstanden Frontheater. Die Schiffe der KdF-Flotte kamen unter das Kommando der Kriegsmarine, so auch die *Wilhelm Gustloff*, die zum Lazarettschiff mit fünfhundert Betten umgerüstet wurde. Für einen Teil der abgemusterten Friedensbesatzung kam Sanitätspersonal an Bord. Ein umlaufender grüner Streifen und rote Kreuze auf beiden Seiten des Schornsteins gaben dem Schiff ein neues Aussehen." (*Im Krebsgang*, S. 80)

2. Wer immer auf dem fast 210 Meter langen und 24 Meter breiten Kreuzfahrtschiff seinen Urlaub verbringen darf, gerät [wie dieser Arbeiter] ins Schwärmen: „Als uns unser Betriebsführer mitteilte, dass wir an der Fahrt um Italien teilnehmen sollten, da muss ich schon sagen, da war uns doch sehr sonderbar zumute. Erst jetzt, wo wir auf dem Meer schwimmen, da wissen wir dieses zu schätzen und sind glücklich, dass gerade wir diejenigen sind, die da mitfahren durften."
Der ehemalige Zahlmeister-Assistent der *Gustloff*, Heinz Schön: „*Wilhelm Gustloff* war ja immerhin ein relativ bekanntes Schiff, wesentlich bekannter als alle anderen Schiffe, weil es eben Massen von Menschen befördert hatte vor dem Krieg, immerhin 70 000, die also bis Kriegsbeginn auf der *Gustloff* Urlaubsreisen auch nach Norwegen gemacht hatten. Die *Gustloff* fuhr ja nach Norwegen fünf Tage, dann Kurzreisen, 5-Tage-Reisen, und 7-Tage-Reisen rund um Italien."

3. Noch einmal Heinz Schön: „Die *Gustloff* hat natürlich vor dem Krieg einmal eine Generalprobe als Truppentransporter gemacht. Im Mai 1939 wurde die *Gustloff* eingesetzt, um mit anderen KdF-Schiffen die Legion Condor aus Vigo in Spanien zurückzuholen nach Hamburg."

4. „An Bord waren keine Schwestern mehr tätig, keine Krankenbetten standen in Reihe. Mit einem Großteil der zivilen Schiffsbesatzung wurden Ärzte und Sanitäter abgemustert oder auf andere Schiffe versetzt. Von den Maschinisten blieb nur der Wartungsdienst für den Maschinenraum. Anstelle des Chefarztes hatte fortan ein U-Bootoffizier im Range eines Korvettenkapitäns das Sagen; als Kommandeur der 2. Unterseeboot-Lehrdivision bestimmte er über die Funktion des Wohn- und Ausbildungsschiffes, das als ‚schwimmende Kaserne' vertäut lag." (*Im Krebsgang*, S. 84)

5. Am 12. März 1938 besetzen deutsche Truppen Österreich. Für den 10. April ordnet Adolf Hitler eine Volksabstimmung an, um die Annexion nachträglich zu legitimieren. Die *Wilhelm Gustloff* läuft an diesem Tag zu einer zweitägigen Nordsee-Fahrt aus. An Bord: 1000 österreichische Staatsbürger, 400 deutsche Frauen und zahlreiche englische Pressevertreter. „Nun verlassen wird den Hamburger Hafen und gehen mit unserem *Wilhelm Gustloff* elbeabwärts. Im Laufe dieser zwei Tage werden wir versuchen einzufangen von der Stimmung, die hier an Bord ist." Auf See sollen die Deutschen und Österreicher über Hitlers Politik abstimmen.

6. „Erna und August Pokriefke werden das Schiffsinnere kaum wiedererkannt haben, denn alle Fest- und Speisesäle, die ausgeräumte Bibliothek, der Trachtensaal und die Musikhalle waren – nun ganz ohne Bildschmuck – zu lärmigen Matratzenlagern verkommen." (*Im Krebsgang*, S. 109)

7. Eine Überlebende der Katastrophe berichtet: „Und dann weiß ich nur, dass auf einmal die Sirene ging, drei Mal, ganz laut, und dann sah ich nur: Die Spitze des Schiffes kam hoch und dann ein tausendstimmiger Schrei. Den werd ich nie vergessen, nie. Und dann war alles still."

Alle Texte, die nicht der Novelle *Im Krebsgang* entnommen sind, stammen aus: Detlef Michelers: Wilhelm Gustloff. Vom Flaggschiff zum eisernen Sarg. Mit Uwe Friedrichsen, Brigitte Röttgers und Günter Grass. Feature des Radios Bremen in Koproduktion mit dem NDR und dem SFB 2002. [CD mit Booklet] Audio-Verlag 2002

Baustein 3

Die Familie Pokriefke (Die fiktionalen Hauptfiguren)

3.1 Die Familie Pokriefke (Figurenposter)

Nach der analytisch ausgerichteten Arbeit am Strukturschema (Baustein 2) konzentrieren sich die Schüler nun in kreativer Gruppenarbeit auf die fiktionalen Hauptfiguren der Novelle, die Mitglieder der Familie Pokriefke, welche Grass in drei Generationen auftreten lässt. Die verdrängte *Gustloff*-Katastrophe ist die Ursache für einen Generationenkonflikt, der bis in das Leben des Enkels Konrad fortwirkt. Deshalb ist es notwendig, die familiären Beziehungen genauer in das Blickfeld zu rücken, zumal für die Schüler schnell erkennbar wird, dass es Grass neben der Rekonstruktion der historischen Vorgänge vor allem um die *Nachwirkung* der Geschichte in der Gegenwart geht. Bevor die Schüler die Beziehungen der Familienmitglieder analysieren und insbesondere das Verhältnis zwischen dem Ich-Erzähler Paul und seinem Sohn ausleuchten, sollten ihnen die Biografie und die gegenwärtigen Lebensverhältnisse der einzelnen Figuren bewusst werden. Dies kann durch die arbeitsteilige Erstellung von Figurenplakaten geschehen, auf denen die wichtigsten Informationen zu den drei Figuren gesammelt werden. Die Auswertung der Plakate kann dann durch vergleichende Präsentationen und durch ein Familiensoziogramm in grafischer und/oder szenischer Form erfolgen. Für diese Arbeit sind als zeitlicher Rahmen eine Doppelstunde oder – je nach Auswertung – zwei bis drei Unterrichtsstunden einzuplanen.

Durchführung: Zur Vorentlastung der Stunde sollten die Schüler in der Hausaufgabe bereits einige charakterisierende Schlüsselzitate zu *einer* Figur sammeln bzw. exzerpieren. Durch eine gleichmäßige Verteilung der Figuren auf die Anzahl der Schüler lässt sich gewährleisten, dass die Figuren später von zwei Gruppen mit jeweils 3–4 Schülern parallel bearbeitet werden (hier empfiehlt sich ein nach Figuren und innerhalb dieser Kategorie noch einmal farblich differenzierter Hausaufgabenzettel, vgl. **Arbeitsblatt 15**, S. 57). Die Gruppen finden dann entsprechend der Hausaufgabe zusammen und erstellen großformatige Plakate, auf denen ihre Figur (Tulla, Paul oder Konrad Pokriefke) den Mitschülern genauer vorgestellt wird. Auf den Plakaten sollen neben obligatorischen schriftlichen Informationen (Schlüsselzitate, Lebensdaten, Figurenmerkmale) unbedingt auch bildliche Elemente vorkommen. Die Schüler werden aufgefordert, die Figur so zu zeichnen, wie sie sie sich vorstellen, versehen mit einigen typischen Attributen (z. B. Tullas Fuchspelz, Konrads Norwegerpulli und/oder sein Computer, Pauls Zeitungen, etc.). Jede Gruppe erhält einen schriftlichen Arbeitsauftrag (**Arbeitsblatt 15**) mit den Minimalforderungen für das Figurenposter und den Regeln für die anschließende Präsentation, die so gestaltet sind, dass alle Schüler an der Präsentation aktiv beteiligt sind.

Auswertung der Figurenposter: Die Arbeitsgruppen präsentieren nacheinander ihre Figurenposter. Ein Schüler trägt jeweils das Schlüsselzitat vor, ein anderer begründet die Auswahl dieses Zitats und die weiteren Mitglieder stehen für Rückfragen zur Verfügung. Die Verteilung der Aufgaben wird vorher in den Gruppen festgelegt. Einzelne Informationen auf den Plakaten werden von den Schülern oder von der Lehrkraft hinterfragt, korrigiert oder ergänzt, sodass Diskussionen entstehen. Aufschlussreich ist vor allem der Vergleich der Figurenposter aus den Parallelgruppen.

Nachdem die Schüler ihre Plakate präsentiert und an der Tafel bzw. an anderen Stellen im Klassenzimmer aufgehängt haben, erhalten sie einen vorbereiteten „Laufzettel" (vgl. **Arbeitsblatt 16**, S. 58), auf dem sie bei der anschließenden Betrachtung der Plakatausstellung die Ergebnisse aus den verschiedenen Gruppen notieren können. So ist eine Ergebnissicherung gewährleistet, bei der sie nicht nur ihre eigenen, sondern auch die von ihren Mitschülern erarbeiteten Informationen festhalten. Ferner überlegen sich die Schüler, welche Frage sie im Hinblick auf jede einzelne Figur im Laufe der Unterrichtsreihe klären möchten, und tragen sie in den Laufzettel ein. Mit dem Vorlesen dieser Fragen endet die erste Phase der Auswertung.

3.2 Familien-Soziogramm (grafisch und szenisch)

Eine intensivere Auswertung der Figurenposter kann in eine Darstellung der familiären Beziehungen einmünden, so wie sie in grafischen Visualisierungen anhand von Linien und Pfeilen üblich ist. Dabei wäre allerdings eine Erweiterung des Personals um Harry Liebenau, Pauls mutmaßlichen Vater, seine Ex-Frau Gabriele und Tullas Freundin Jenny Brunies sinnvoll, in deren West-Berliner Wohnung Paul während seines Studiums gewohnt hat. Die Aufzeichnung des Soziogramms kann in Partnerarbeit erfolgen, wobei es für die anschließende Auswertung am OHP hilfreich wäre, zwei bis drei Teams ihre Ergebnisse auf Folien dokumentieren zu lassen.

- *Stellen Sie mit Ihrem Nachbarn das Beziehungsgefüge in der Familie Pokriefke anhand eines Soziogramms mit verschiedenfarbigen Linien/Pfeilen dar und beziehen Sie dabei auch Pauls mutmaßlichen Vater Harry Liebenau sowie Konrads Mutter Gabriele und Jenny Brunies ein. Welche Schlüsse lassen sich aus Ihrem Soziogramm ziehen?*

Die Familie Pokriefke (Soziogramm)

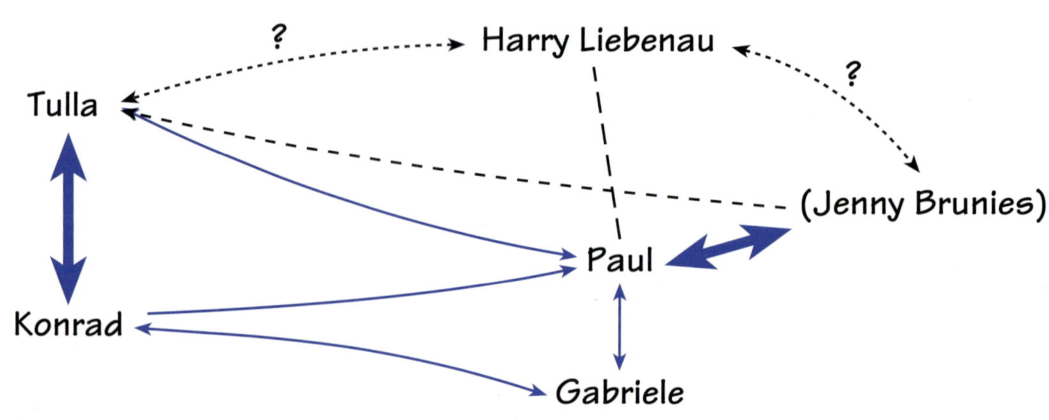

Die Beschriftung und Erläuterung der verschiedenartig gestalteten Pfeile (je nach Allianz, Distanz oder Indifferenz fett, dünn oder gestrichelt) führt zur Interpretation: Die relativ einsame Stellung Paul Pokriefkes, der, vaterlos aufgewachsen, in Jenny Brunies vorübergehend eine mütterliche Bezugsfigur gefunden hat, von seiner Frau verlassen und von Mutter und Sohn verachtet wird, kann anhand eines solchen Schaubildes verdeutlicht werden, ebenso

die Tatsache, dass Konrad aus der gescheiterten Ehe seiner Eltern in die Arme der Großmutter Tulla getrieben wird, weshalb ihre Beziehung die einzig stabile Allianz im Gefüge der familiären Bindungen bildet.
Das familiäre Beziehungsgeflecht kann alternativ oder ergänzend auf szenische Weise durch eine „Statue" veranschaulicht werden, welche die Schüler aus der Perspektive einer Figur mithilfe ihrer Mitschüler bauen. Statuen sind nach Ingo Scheller, der dieses szenische Verfahren zur Verdeutlichung von Beziehungskonstellationen entwickelt hat, „Denkmäler" mit symbolischer Aussagekraft.[1] Ein Schüler tritt beispielsweise als Paul Pokriefke nach vorn und stellt schweigend auf einem imaginären Bühnenraum mehrere Mitschüler so auf, dass sich ein familiäres Beziehungsmuster ergibt. Er stellt einen Paul Pokriefke verkörpernden Schüler in den Raum und lässt seinen Sohn, seine Mutter, seine Ex-Frau und evtl. noch andere Figuren hinzutreten. Durch die Entfernungen zwischen den Figuren werden die emotionalen Verhältnisse, also Zuwendung und Abneigung, sichtbar. Gleichzeitig können diese Statuen Allianzen und innere Fronten verdeutlichen, je nachdem, ob Gruppenbildungen erkennbar werden. Durch die Modellierung der Körperhaltungen kann der betreffende Schüler wie bei einem Standbild weitere Beziehungsmuster wie Dominanz und Unterwürfigkeit zum Ausdruck bringen. Die Mitschüler „frieren" in den ihnen vorgegebenen Positionen „ein". Erst wenn der Erbauer mit seiner Statue und deren Gesamtwirkung zufrieden ist und nichts mehr verändern möchte, darf die beobachtende Klasse beschreiben, welche Beziehungsmuster sie in der Statue sieht. Daraufhin nimmt der Erbauer selbst Stellung und erläutert seine Aussageabsicht.
Nach und nach bauen nun andere Schüler in den Rollen von Tulla und Konrad ihre „Statuen". Indem sie ihre je eigene Sichtweise auf die Familie vermitteln, ergeben sich reizvolle Vergleichsmöglichkeiten, die zu Diskussionen Anlass geben. (Während der „Bau"-Phase wird jedoch nicht gesprochen!) – Durch diese Übung kann das vorher erarbeitete grafische Soziogramm szenisch verlebendigt werden. In einer leistungsstarken Lerngruppe lässt sich die grafische Darstellung auch überspringen oder im Anschluss an die szenische Arbeit nachholen. Möglich ist auch eine Einfühlungsübung: Der Erbauer der Statue stellt sich hinter die Figur, aus deren Perspektive er das Soziogramm erstellt hat, legt ihr die Hand auf die Schulter und erläutert aus der Ich-Perspektive der Figur die dargestellten familiären Beziehungen.

3.3 Der Ich-Erzähler Paul Pokriefke

Der Ich-Erzähler Paul gilt in seiner Familie als Versager. Tulla bezeichnet ihren erfolglosen Sohn als „Schlappjä" (S. 93), aber auch seine Ehefrau und der Auftraggeber halten ihn für eine „Person von eher dürftigem Profil" (S. 78). Tatsächlich versagt Paul sowohl als Journalist, weil er sich allen Strömungen opportunistisch unterwirft, wie auch als Vater, weil er sich jahrelang nicht um seinen Sohn kümmert und ihm weder Werte noch Orientierung vermittelt. Eine genauere Betrachtung dieser Erzählerfigur ist für das Verständnis der Novelle unerlässlich, da der Konflikt zwischen Paul und Konrad und dessen bis zum Mord gehende ideologische Radikalisierung z. T. erst aus der Ablehnung des schwachen Vaters erklärbar werden. Am Anfang der Stunde erhalten fünf Schüler jeweils einen nummerierten Zettel mit einem besonders aussagekräftigen Zitat, das den Ich-Erzähler charakterisiert (**Arbeitsblatt 17**, S. 59), und lesen diese Zitate an verschiedenen Orten des Klassenzimmers laut vor.

[1] Vgl. Ingo Scheller: Szenische Interpretation. Theorie und Praxis eines handlungs- und erfahrungsbezogenen Literaturunterrichts in Sekundarstufe I und II. Seelze-Velber 2004, S. 73f.

- *Verteilen Sie sich bitte in die vier Ecken und in die Mitte des Klassenzimmers und lesen Sie der Reihe nach die Zitate auf Ihren Zetteln laut vor. (An die ganze Klasse gerichtet:) Versuchen Sie festzustellen, welche Figur hier über sich selbst spricht.*

- *Welches der vorgelesenen Zitate hat Sie am meisten beeindruckt? Warum?*

(Alternativ zu dieser Vorgehensweise kann auch das Figurenplakat [vgl. 2.2] mit den entsprechenden Leitfragen für den Einstieg verwendet werden. Mit dem Impuls „Hören wir, was Paul Pokriefke selbst zu sagen hat", lässt sich zur Rezitation überleiten.) Nun erhalten alle Schüler das **Arbeitsblatt 18** (S. 60) mit den vorgelesenen Zitaten und Raum für eigene Kommentare.

- *Lesen Sie die soeben gehörten Aussagen des Ich-Erzählers jetzt selbst und interpretieren Sie diese Aussagen. Was lässt sich aus ihnen in Bezug auf die Figur, ihr Leben, ihre Gefühle folgern? Schreiben Sie Ihre Antworten jeweils unter das entsprechende Zitat! (evtl. arbeitsteilig in Klassenhälften erstellen)*

Die Schülerkommentare werden an der Tafel zusammengefasst.

Der Ich-Erzähler Paul Pokriefke

1) Geburtstag 30. Januar	historisch belastetes Datum, Assoziation mit den Verbrechen des Faschismus
2) Geburtsumstände	Paul wird geboren, als Tausende sterben. Dies verpflichtet ihn moralisch, Zeugnis abzulegen.
	↕ **Konflikt/Widerspruch** ↕
3) Politische Situation:	Der Untergang der *Gustloff* ist tabuisiert (Gefahr des Revanchismus-Verdachts)
4) Eltern	Pauls Vater ist unbekannt, er ist Halbwaise, ihm fehlt die väterliche Orientierungsfigur. Die Mutter wollte Paul nicht; ihre Schwangerschaft galt als „Schande" (106); Paul verdankt sein Leben dem Zufall.
Fazit: ⟶	Ich-Schwäche, Selbstverleugnung, Opportunismus, Passivität, Orientierungslosigkeit

Am Ende der Stunde kann auf die Leitfragen eingegangen werden, welche die Schüler bei der Gestaltung der Figurenposter zu Paul entwickelt haben.

- *Welche Ihrer Fragen können wir mit den Ergebnissen dieser Stunde gut beantworten, welche nicht?*

Die Familie Pokriefke

Arbeitsaufträge für die Figurenposter

Hausaufgabe: **Die Figur Tulla Pokriefke**
Suchen Sie zur Charakterisierung von Tulla Pokriefke aus der Novelle *Im Krebsgang* mindestens 3–4 wichtige und aussagekräftige Textstellen heraus.

Hausaufgabe: **Die Figur Paul Pokriefke**
Suchen Sie zur Charakterisierung von Paul Pokriefke aus der Novelle *Im Krebsgang* mindestens 3–4 wichtige und aussagekräftige Textstellen heraus.

Hausaufgabe: **Die Figur Konrad Pokriefke**
Suchen Sie zur Charakterisierung von Konrad Pokriefke aus der Novelle *Im Krebsgang* mindestens 3–4 wichtige und aussagekräftige Textstellen heraus.

Die fiktionalen Hauptfiguren Tulla, Paul und Konrad Pokriefke

Erstellen Sie in Gruppenarbeit zu jener Figur ein Figurenposter, zu der Sie bereits in der Hausaufgabe Informationen gesammelt haben.

Auf Ihrem Plakat müssen am Ende folgende Informationen zu finden sein:

1. biografische Daten und Fakten (Eckdaten zum Lebenslauf)
2. fünf besondere Kennzeichen der Figur. Berücksichtigen sollten Sie dabei:
   - Charakterzüge
   - die politische Einstellung
   - prägende Erlebnisse
   - Hoffnungen, Träume, Wünsche
   - Konflikte, Ängste, Probleme

   Stichworte genügen.
3. ein Schlüsselzitat zur Figur (mit Angabe der Seitenzahl), welches die Figur besonders treffend charakterisiert
4. Zur bildlichen Darstellung der Person fertigen Sie nach eigenen Vorstellungen eine Zeichnung an.

Belegen Sie Ihre Aussagen durch Angabe von Seitenzahlen (nachgestellt in Klammern).

Hinweise zur Präsentation der Figurenposter:

Jemand aus der Gruppe trägt das Schlüsselzitat vor, ein anderer begründet die Auswahl dieses Zitats, weitere Gruppenmitglieder erläutern die Plakatgestaltung und stehen für Rückfragen aus dem Plenum zur Verfügung. Bitte überlegen Sie sich, wer bei der Präsentation welche Aufgabe übernimmt.

Drei Generationen: Tulla, Paul und Konrad Pokriefke

Arbeitsblatt für die Auswertung der Plakate

Tulla Pokriefke Biografie/Eigenschaften:	Schlüsselzitat(e):	Frage(n) zu dieser Figur:
Paul Pokriefke Biografie/Eigenschaften:	Schlüsselzitat(e):	Frage(n) zu dieser Figur:
Konrad Pokriefke Biografie/Eigenschaften:	Schlüsselzitat(e):	Frage(n) zu dieser Figur:

Der Ich-Erzähler Paul Pokriefke (Zitate zum Vortrag)

1. „Da ist es wieder, das verdammte Datum. Die Geschichte, genauer, die von uns angerührte Geschichte ist ein verstopftes Klo. Wir spülen und spülen, die Scheiße kommt dennoch hoch. Zum Beispiel dieser vermaledeite Dreißigste. Wie er mir anhängt, mich stempelt. Nichts hat es gebracht, daß ich mich jederzeit [...] geweigert habe, im Freundes-, Kollegen- oder Bekanntenkreis meinen Geburtstag zu feiern. Immer war ich besorgt, es könne mir bei einer solchen Fete [...] die dreimal verfluchte Bedeutung des Dreißigsten draufgesattelt werden." (S. 116)

2. „[...] im Augenblick des Untergangs [...] kroch einzig ich aus dem Loch. [...] als alles ein Ende fand, soll ich ganz normal in der engen Koje des Maschinenoffiziers geboren worden sein [...], soll ich, nach Mutters Erinnerung, mit meinem ersten Schrei jenen weithin tragenden und aus tausend Stimmen gemischten Schrei übertönt haben, diesen finalen Schrei, der von überall herkam [...]." (S. 145)

3. „Mochte doch keiner was davon hören, hier im Westen nicht und im Osten schon gar nicht. Die *Gustloff* und ihre verfluchte Geschichte waren jahrzehntelang tabu, gesamtdeutsch sozusagen. Mutter hörte trotzdem nicht auf, mir per Kurierpost in den Ohren zu liegen. Als ich das Studium geschmissen hatte und ziemlich rechtslastig für Springer zu schreiben begann, bekam ich zu lesen: ‚Der ist ein Revanchist. Der setzt sich für uns Vertriebene ein.'" (S. 31)

4. „Nein, ich habe keinen richtigen Vater gehabt, nur austauschbare Phantome. Da waren die drei Helden, die mir jetzt wichtig sein müssen, besser dran. Jedenfalls hat Mutter selbst nicht gewußt, wer sie geschwängert hatte, als sie mit ihren Eltern am Vormittag des dreißigsten Januar fünfundvierzig [...] eingeschifft wurde. Derjenige, nach dem das Schiff getauft worden war, konnte einen Kaufmann, Hermann Gustloff, als Vater nachweisen. Und derjenige, dem es gelang, das überladene Schiff zu versenken, ist in Odessa [...] vom Vater ziemlich oft verprügelt worden, was eine spürbar väterliche Zuwendung gewesen sein wird. Und David Frankfurter, der [...] dafür gesorgt hat, daß das Schiff nach einem Blutzeugen benannt werden durfte, hat sogar einen richtigen Rabbi zum Vater gehabt. Aber auch ich, der Vaterlose, bin schließlich Vater geworden." (S. 22)

5. „[Tulla] ging zum ersten Mal schwanger, verlor aber den Winzling, als sie vorsätzlich während der Fahrt zwischen Langfuhr und Oliva von der Bahn sprang: wiederholt und jeweils kurz vor den Haltestellen, wovon Mutter wie von einer sportlichen Übung erzählt hat." (S. 86f.)

Die Figur des Ich-Erzählers Paul Pokriefke

Interpretieren Sie folgende Textauszüge im Hinblick auf die Lebenssituation des Ich-Erzählers.

1. „Da ist es wieder, das verdammte Datum. Die Geschichte, genauer, die von uns angerührte Geschichte ist ein verstopftes Klo. Wir spülen und spülen, die Scheiße kommt dennoch hoch. Zum Beispiel dieser vermaledeite Dreißigste. Wie er mir anhängt, mich stempelt. Nichts hat es gebracht, daß ich mich jederzeit [...] geweigert habe, im Freundes-, Kollegen- oder Bekanntenkreis meinen Geburtstag zu feiern. Immer war ich besorgt, es könne mir bei einer solchen Fete [...] die dreimal verfluchte Bedeutung des Dreißigsten draufgesattelt werden." (S. 116)

Kommentar:

2. „[...] im Augenblick des Untergangs [...] kroch einzig ich aus dem Loch. [...] als alles ein Ende fand, soll ich ganz normal in der engen Koje des Maschinenoffiziers geboren worden sein [...], soll ich, nach Mutters Erinnerung, mit meinem ersten Schrei jenen weithin tragenden und aus tausend Stimmen gemischten Schrei übertönt haben, diesen finalen Schrei, der von überall herkam [...]." (S. 145)

Kommentar:

3. „Mochte doch keiner was davon hören, hier im Westen nicht und im Osten schon gar nicht. Die *Gustloff* und ihre verfluchte Geschichte waren jahrzehntelang tabu, gesamtdeutsch sozusagen. Mutter hörte trotzdem nicht auf, mir per Kurierpost in den Ohren zu liegen. Als ich das Studium geschmissen hatte und ziemlich rechtslastig für Springer zu schreiben begann, bekam ich zu lesen: ‚Der ist ein Revanchist. Der setzt sich für uns Vertriebene ein.'" (S. 31)

Kommentar:

4. „Nein, ich habe keinen richtigen Vater gehabt, nur austauschbare Phantome. Da waren die drei Helden, die mir jetzt wichtig sein müssen, besser dran. Jedenfalls hat Mutter selbst nicht gewußt, wer sie geschwängert hatte, als sie mit ihren Eltern am Vormittag des dreißigsten Januar fünfundvierzig [...] eingeschifft wurde. Derjenige, nach dem das Schiff getauft worden war, konnte einen Kaufmann, Hermann Gustloff, als Vater nachweisen. Und derjenige, dem es gelang, das überladene Schiff zu versenken, ist in Odessa [...] vom Vater ziemlich oft verprügelt worden, was eine spürbar väterliche Zuwendung gewesen sein wird. Und David Frankfurter, der [...] dafür gesorgt hat, daß das Schiff nach einem Blutzeugen benannt werden durfte, hat sogar einen richtigen Rabbi zum Vater gehabt. Aber auch ich, der Vaterlose, bin schließlich Vater geworden." (S. 22)

Kommentar:

5. „[Tulla] ging zum ersten Mal schwanger, verlor aber den Winzling, als sie vorsätzlich während der Fahrt zwischen Langfuhr und Oliva von der Bahn sprang: wiederholt und jeweils kurz vor den Haltestellen, wovon Mutter wie von einer sportlichen Übung erzählt hat." (S. 86f.)

Kommentar:

3.4 Die Enkel am Gustloff-Denkmal (Szenische Interpretation)

Die mit einem Mord endende Begegnung der Chat-Partner Konrad und Wolfgang (alias Wilhelm und David) in Schwerin bildet einen dramatischen Höhepunkt der Novelle, wenn nicht gar den novellentypischen Wendepunkt des Geschehens. Der Mord an Wolfgang Stremplin macht auf erschreckende Weise deutlich, wie stark die NS-Vergangenheit in die Gegenwart hineinwirkt und dass sich die virtuelle Welt (die Hassfantasien im Internet) schließlich in blutige Realität verwandelt. In jedem Fall verlangt die „unerhörte Begebenheit" nach einer Erklärung, die angesichts der Komplexität des Problems in einer Unterrichtsstunde kaum vollständig entwickelt werden kann. Einen methodischen Zugang bietet die szenische Interpretation, nämlich die Arbeit mit situationsbezogenen Standbildern, für die eine Doppelstunde veranschlagt werden sollte. (Falls die Lerngruppe keine Erfahrungen mit dieser Arbeitsmethode hat, sollten ihre Regeln vorher genau erläutert werden.[1])
Die Schüler kommen am Anfang in einem Stuhlkreis zusammen. Durch die wiederholte Lektüre des 7. Kapitels (Hausaufgabe: Lesen Sie noch einmal die Seiten 151–175 und markieren Sie die Verhaltensweisen von Konrad und Wolfgang unmittelbar vor dem Mord) sind die Schüler inhaltlich auf das Thema der Stunde vorbereitet.

- *Was geschah am 20. April 1997 in Schwerin?*

Die Schüler aktivieren ihr Vorwissen und rekonstruieren den Handlungsverlauf an diesem Tag. Als Alternative zu diesem offenen Impuls bietet sich eine „Fantasiereise" an:

> Schließen Sie Ihre Augen. Heute ist der 20. April. Wir befinden uns am Seeufer in Schwerin, in der Nähe der Jugendherberge und des ehemaligen Denkmals für Wilhelm Gustloff. Hier treffen sich heute Konrad und Wolfgang. Wie sehen sie aus? Welche Kleidungsstücke tragen sie heute? Welche Geräusche hören sie im Hintergrund? Auf welchem Boden stehen Konrad und Wolfgang, ist er sandig oder steinig? Sind noch andere Leute da? Gibt es Blumen oder Sträucher? Wie ist das Wetter? Stellen Sie sich den Ort und die Atmosphäre vor Ihrem inneren Auge möglichst genau vor. (Pause) Konzentrieren Sie sich auf eine Beobachtung und formulieren Sie in Ihren Gedanken einen Aussagesatz, der Ihre Beobachtung beschreibt. (Pause)
> Öffnen Sie nun die Augen. In einem Blitzlicht äußert jeder von Ihnen seinen beschreibenden Aussagesatz.

Anschließend lesen die Schüler die beiden Absätze der Novelle, in denen der Erzähler die Mordtat schildert (S. 174: „Dann standen sie auf sozusagen historischem Grund" bis zum Kapitelende). Sie erbauen nun jeweils zwei Standbilder zu der Szene zwischen Konrad und David, kurz *bevor* bzw. kurz *nachdem* dieser das Fundament des Denkmals bespuckt (hat). Ein Schüler modelliert die Darsteller, die er sich nacheinander aus dem Stuhlkreis auf die Innenbühne des Stuhlkreises holt, so lange, bis er die gewünschten Körperhaltungen erarbeitet hat. Dabei wird nicht gesprochen. Um die Mimik der Figuren festzulegen, macht er den gewünschten Gesichtsausdruck vor, sodass die Darsteller ihn – ebenfalls immer schweigend – imitieren können. Er legt einen Punkt fest, von dem aus er sein Standbild betrachtet wissen möchte. Die beobachtenden Mitschüler dürfen sich von ihren Plätzen erheben, um diesen Perspektivpunkt selbst einzunehmen.

[1] Eine detaillierte Darstellung findet sich bei Ingo Scheller: Szenische Interpretation (Anm. 1, S. 55), S. 72f. u. ö.

- *Was sehen Sie? Beschreiben Sie das Standbild.*

Während sich die Beobachter beschreibend äußern (Wertungen sind nicht zulässig), verharren die Darsteller in der eingefrorenen Haltung. Der Erbauer tritt nun wieder in „sein" Bild und legt einer der Figuren die Hand auf die Schulter, um nun als ihre Stimme und aus ihrer Perspektive einen kurzen inneren Monolog zu sprechen. Er soll verdeutlichen, welche Gefühle und Gedanken die Figur *in diesem Moment* beherrschen. Danach wechselt er zu der anderen Figur und spricht ihre Gedanken aus. Der Spielleiter (Lehrer) kann sich nun zu dem Erbauer stellen, ihm ebenfalls die Hand auf die Schulter legen und ihn in der Rolle eines „Hilfs-Ichs" als die Figur anreden, aus deren Perspektive er gerade spricht.

- *Konrad, welche Gefühle hast du gegenüber David? Was hast du jetzt vor?*

Anschließend erläutert der Erbauer sein Standbild und nimmt zur Sichtweise der Beobachter Stellung. Bei der Präsentation des zweiten Standbildes (zu derselben Textstelle) verläuft die Auswertung identisch, mit der Ausnahme, dass die Zuschauer die gesehenen Standbilder miteinander vergleichen.

- *Worin unterscheidet sich dieses Standbild von dem vorherigen? Welche (andere) Interpretation der Szene liegt ihm zugrunde?*

Danach werden in derselben Weise die Standbilder zur zweiten Situation erbaut und kommentiert.[1] Die Mitschüler wählen sich nun eine Rolle (Konrad oder Wolfgang) aus. Sie setzen sich mit einem Schüler der anderen Rolle als Tandem zusammen (ohne Tisch) und interviewen sich nacheinander gegenseitig. Dabei ist zu beachten, dass der interviewte Schüler eine der Rolle entsprechende Körperhaltung einnimmt und aus der Ich-Perspektive der Figur auf die ihm gestellten Fragen antwortet. Der Interviewer verhält sich völlig neutral. Nach ca. fünf Minuten werden die Rollen getauscht. Das Figureninterview dient der Einfühlung in die Gefühls- und Gedankenwelt der Hauptfiguren. Diese Empathieübung kann in Form eines *situationsbezogenen* Rolleninterviews so fortgesetzt werden, dass ein Schüler sich hinter einen leeren Stuhl vor das Plenum stellt und aus der Figurenperspektive in der Ich-Form als Konrad oder Wolfgang die Fragen der Mitschüler beantwortet (Klasseninterview). Für diese Übung wird eine bestimmte Textstelle zugrunde gelegt. Es empfiehlt sich jene Situation unmittelbar vor der Mordtat bzw. nach der Provokation, die im Bespucken des Gedenkorts besteht: „[...] soll David Stremplin [...] dreimal auf das vermooste Fundament gespuckt, also den Ort des Gedenkens [...] ‚entweiht' haben." (S. 174) Erlaubt sind nur solche Fragen, die sich direkt auf diese Situation und die in ihr vorherrschenden Gefühle oder Gedanken beziehen.
Als letzter Schritt in der szenischen Interpretation der Mord-Szene wird nun (bei ausreichender Zeit) der Moment unmittelbar nach den tödlichen Schüssen mit einer sogenannten „Stimmenskulptur" szenisch bearbeitet. Der von Scheller geprägte Begriff bezeichnet eine Methode der Rolleneinfühlung, mit der ein besonders heikler Moment, der den Leser sprachlos macht, ergründet werden kann. Der Spielleiter/Lehrer liest nun folgenden Absatz (S.175) vor:

> Gleich danach fielen die Schüsse. Trotz des sonnigen Tages trug Konny einen Parka. Aus einer der geräumigen Taschen, der rechten, zog er die Waffe und schoß viermal. Es war eine Pistole russischer Herkunft. Der erste Schuß traf den Bauch, die folgenden Kopf, Hals und Kopf. David Stremplin stürzte wortlos rücklings.

[1] Beim Bau der Standbilder dreht das Publikum der „Bühne" den Rücken zu und schaut erst bei einem vereinbarten Signal nach vorne. Dies erhöht die Spannung und konfrontiert das Plenum mit dem fertigen Standbild, das so eine stärkere Wirkung entfalten kann.

Ein Schüler nimmt nun in der Rolle Konrads auf einem leeren Stuhl vor dem Stuhlkreisplenum Platz. Der Spielleiter liest das Zitat nochmals vor.

- *Was geht Konrad jetzt durch den Kopf? Stellt euch hinter Konrad und sprecht einen Satz, einen Gedankenfetzen oder auch nur ein Wort in der passenden Betonung und Lautstärke in der Ich-Form aus.*

Sechs bis maximal zehn Schüler stellen sich *nacheinander* hinter Konrad auf und sprechen seine Gedanken aus. Sie bleiben an ihrem Ort stehen. Der Spielleiter ruft nun alle Beiträge noch einmal ab, mit der Frage an Konrad, ob er die geäußerten Gedanken stimmig findet oder ob er einzelne Beiträge gerne ausmustern möchte, weil sie ihm eher unpassend erscheinen. Trifft Letzteres zu, setzen sich die betreffenden Schüler wieder an ihren Platz. Falls ihm bestimmte Gedanken fehlen, können weitere Schüler gebeten werden, diese hinter ihm auszusprechen. Auch Betonungen oder Lautstärken können verändert werden. Denkbar ist auch, dass die Figur (hier Konrad) eine Rangfolge festlegt, sodass die wichtigeren Stimmen vorne, die unwichtigeren Beiträge weiter hinten stehen. Der Spielleiter lässt nun die inneren Stimmen wie einen chorischen Klangkörper erklingen, d. h., er arrangiert die Beiträge so, dass er Aussagen bündelt, sie wiederholen lässt, sie kontrastiert, bis sich eine „Stimmenskulptur" herauskristallisiert, welche die innere Verfassung der Figur verdeutlicht.

Am Ende der Stunde tauschen sich die Schüler im Sinne einer Methodenreflexion darüber aus, welche Vor- und Nachteile sie in der szenischen Interpretation sehen.

- *Wir haben heute eine Schlüsselszene des Textes szenisch interpretiert. Welche Vorteile haben die szenischen Methoden? Was haben Sie erkannt, was Sie bei der Textanalyse vielleicht eher nicht erkannt hätten?*

Die schriftliche Ergebnissicherung besteht darin, dass die Schüler als Hausaufgabe eine der folgenden gestaltenden Interpretationen verfassen (sie dient als Grundlage für die Schreibkonferenz in der Folgestunde):

- *Bearbeiten Sie eine der folgenden Aufgaben:*

  1. *Schreiben Sie einen inneren Monolog Konrads, in dem er Einblick in seine Gefühle gegenüber David gibt, als dieser „dreimal auf das vermooste Fundament gespuckt hat" (S. 174).*
  2. *Schreiben Sie einen inneren Monolog Davids, in dem seine Gefühle vor dem Bespucken des Fundaments deutlich werden (vgl. S. 174).*
  3. *„Ich habe geschossen, weil ich Deutscher bin" (S. 175), erklärt Konrad, als er sich der nächsten Polizeiwache als Täter stellt. Verfasse einen Brief, den Konrad stattdessen an die Polizei geschickt haben könnte, um sich zu stellen und seine Tatmotive zu erläutern.*

Wenn auf die szenische Interpretation verzichtet werden muss, können die entsprechenden Textauszüge im Lehrer-Schüler-Gespräch gemeinsam analysiert und anschließend durch die genannten drei Aufgaben gestaltend vertieft werden. Der Anschluss zur folgenden Erarbeitungsphase (3.5) wäre dann auch ohne die szenischen Elemente gesichert.

3.5 Die Enkel am Gustloff-Denkmal (II): Schreibkonferenz zur gestaltenden Interpretation

Die Schüler finden in Gruppen zusammen, um ihre gestaltenden Interpretationen in einer Schreibkonferenz zu überarbeiten. Dazu erhalten sie ein Arbeitsblatt, das tabellenartig zentrale Kriterien für die gestaltende Interpretation auflistet und als Bewertungsraster für die Schreibkonferenz dient (**Arbeitsblatt 19**, S. 66). Die Schüler lesen das Arbeitsblatt, versehen es mit ihrem Namen und stellen klärende Fragen oder ergänzen Bewertungskriterien, die ihnen außerdem wichtig erscheinen. Danach werden die Gruppen themenspezifisch eingeteilt, d. h., es kommen jeweils drei Schüler zusammen, welche zu Hause dieselbe Aufgabe bearbeitet haben. Durch die differenzierte Hausaufgabe ergeben sich drei verschiedene Themengruppen, in denen die Schüler ihre Texte nach dem Kriterienkatalog gegenseitig überprüfen und kommentieren. Ein Schüler untersucht die inhaltliche Qualität, ein anderer die sprachlich-stilistische Seite (Ausdrucksweise, stilistische Konsequenz), der dritte die formale Qualität (Orthographie, Grammatik, Interpunktion). Für die Gruppenarbeit stehen außer dem Primärtext Wörterbücher (auch für die richtige Verwendung der Korrekturzeichen) zur Verfügung. Die Schüler geben ihre Texte im Uhrzeigersinn an den linkerhand sitzenden Nachbarn weiter und machen jeweils in einer anderen Farbe ihre Randnotizen. Ferner tragen sie in das Arbeitsblatt ihre Beobachtungen zur jeweiligen Kategorie stichwortartig ein. Alle sieben Minuten ertönt ein Signal für die Weitergabe der Texte, sodass nach 14 Minuten die Gruppenarbeit beendet ist (den eigenen Text bearbeitet ein Schüler nicht in der Unterrichtszeit, sondern zu Hause). Wenn die Hefte unter den themengleichen Gruppen getauscht werden, verlängert sich die Gruppenarbeitsphase entsprechend auf 21 Minuten, da keiner der Schüler sein eigenes Heft aussparen kann.

In der zweiten Stundenhälfte stimmt jede Gruppe darüber ab, welche der Interpretationen am besten gelungen ist, und vergleicht diese mit der einer Parallelgruppe. Aus diesen beiden wird wiederum die Arbeit ausgewählt, die den Schülern mehrheitlich aufgrund der genannten Kriterien als die überzeugendere erscheint, sodass am Ende jeweils eine von sechs gestaltenden Interpretationen dem Plenum vorgetragen werden kann. Der betreffende Schüler liest seine Interpretation vor und erhält Rückmeldung aus dem Plenum. Zuletzt bekommt jeder Schüler seinen Text mit den Randnotizen der Mitschüler zurück. Die Hausaufgabe besteht darin, diesen Text nun nach Maßgabe der Anmerkungen und der von den Mitschülern ausgefüllten Tabelle schriftlich zu überarbeiten und ihn zusammen mit dem Arbeitsblatt abzugeben.

Gestaltendes Interpretieren – Schreibkonferenz

Text von ____ (Name von Schüler/in)

Inhalt		
Inwiefern ist die Fragestellung (nicht) richtig bearbeitet?	Welche Leerstellen werden nachvollziehbar und in Übereinstimmung mit Informationen aus dem Text gefüllt?	Welche (neuen) Erkenntnisse werden dabei gewonnen?

Sprache		
Ist die geforderte Erzählperspektive durchgehalten? (innerer Monolog, Brief ...) Wo nicht?	Inwiefern wird die sprachliche Ausdrucksweise und -fähigkeit der betreffenden Person (nicht) berücksichtigt?	Wo wird stilistisch *konsequent* und stimmig formuliert, wo eher nicht?

Form		
Entspricht die gewählte Textsorte der Aufgabenstellung? Inwiefern sind Elemente eines Briefes, inneren Monologes etc. berücksichtigt?	Rechtschreibung: Zeichensetzung: (bitte notieren, welche Rechtschreib- oder Zeichensetzungsfehler häufig verletzt wurden)	Grammatik: *Fehler im Bereich:*
Tipps/Vorschläge:		

Baustein 4

Der Rechtsextremismus und das Internet

4.1 Die Ursachen für Konrads Rechtsextremismus

Wie ist es möglich, dass sich ein intelligenter Gymnasiast, dessen Eltern linksliberale Positionen vertreten, zum Neonazi entwickelt und einen antisemitisch motivierten Mord verübt? Diese Schlüsselfrage der Novelle ist für die Schüler von größter Bedeutung und lässt sich nicht leichtfertig beantworten, zumal Konrad überhaupt nicht dem Klischee des grölenden Skinhead entspricht. Konrads ideologische Entwicklung lässt sich vielmehr aus dem Generationenkonflikt in der Familie Pokriefke, der medial geförderten Enthemmung (Internet) und nicht zuletzt aus der inneren Haltlosigkeit des Jugendlichen erklären, der nach Geborgenheit und Orientierung sucht und sich deshalb, nachdem die Eltern in dieser Hinsicht versagt haben, ersatzhaft für das sozialistische „Kraft-durch-Freude"-Programm der Nazis begeistert. Der ratlose Vater jedoch muss nach der Gerichtsverhandlung feststellen, dass selbst „Anklage und Verteidigung, die dreieinigen Gutachter und auch der Richter samt Beisitzern und Schöffen hilflos auf der Suche nach dem Tatmotiv herumirrten" (196). Grass überlässt es seinen Lesern, aus einer Fülle möglicher Erklärungsansätze überzeugende Antworten zu entwickeln. Die Gesamtinterpretation des Textes hängt wesentlich davon ab, inwiefern es den Schülern gelingt, für sich selbst eine Antwort zu finden und sie mit eigenen Worten zu formulieren.
Zunächst lesen sie auf einer sukzessive aufgedeckten Folie folgende zwei Fragen des Ich-Erzählers:

- *„Wieso sind heutzutage Jugendliche ganz verrückt nach diesem Gustloff und all dem, was sonst noch mit ihm zu tun hat?" (S. 50)*
- *„Ist es möglich, daß sich jemand, der halbwegs linksliberal erzogen wurde, so weit nach rechts hin verirren kann?" (S. 73)*

und versuchen sie aus ihrem eigenen Erfahrungs- und Lektürehorizont hypothesenartig zu beantworten. Die Ergebnisse können stichwortartig an einem der Außenflügel der Tafel festgehalten werden. In der anschließenden Textarbeit werden diese Hypothesen überprüft und durch die Thesen ergänzt, welche die am Prozess beteiligten Personen (Eltern, Gutachter, Verteidiger etc.) äußern. Dazu hören die Schüler den Text auf den Seiten 193 (Kap. 8), gelesen von Günter Grass (ab: „An sich halte ich nicht viel von dem wissenschaftlichen Geschreibsel") bis S. 196 („[...] schuldig zu sprechen."), bzw. lesen ihn selbst mit dem Auftrag, die Thesen *eines* Prozessbeteiligten (des Vaters Paul, der Mutter Gabi, eines der Gutachter, des Verteidigers oder des Angeklagten Konrad) in Ich-Form zu notieren. Hierzu können die Zettel auf dem **Arbeitsblatt 20**, S. 76 ausgegeben werden. Sie dienen zur Vorbereitung der Gerichtsverhandlung in der Folgestunde. Es sollte gewährleistet sein, dass *alle* Prozessbeteiligten verteilt sind (notfalls muss die Lehrkraft die Verteilung durchführen).

- *Notieren Sie die Aussagen eines Prozessbeteiligten über die Ursachen von Konrads Rechtsradikalismus in der Ich-Form und begründen Sie die Aussagen (bei Verwendung des Arbeitsblatts 20: Schneiden Sie Ihre Karte aus und präsentieren Sie dann Ihren Standpunkt möglichst frei vor der Klasse).*

Die nach der Stillarbeit von den Schülern vor der Klasse präsentierten Ergebnisse werden von der Lehrkraft in ein Tafelbild integriert, welches die gegenseitigen Schuldzuweisungen visualisiert und folgendermaßen aussehen könnte:

Die Ursachen für Konrads Rechtsextremismus

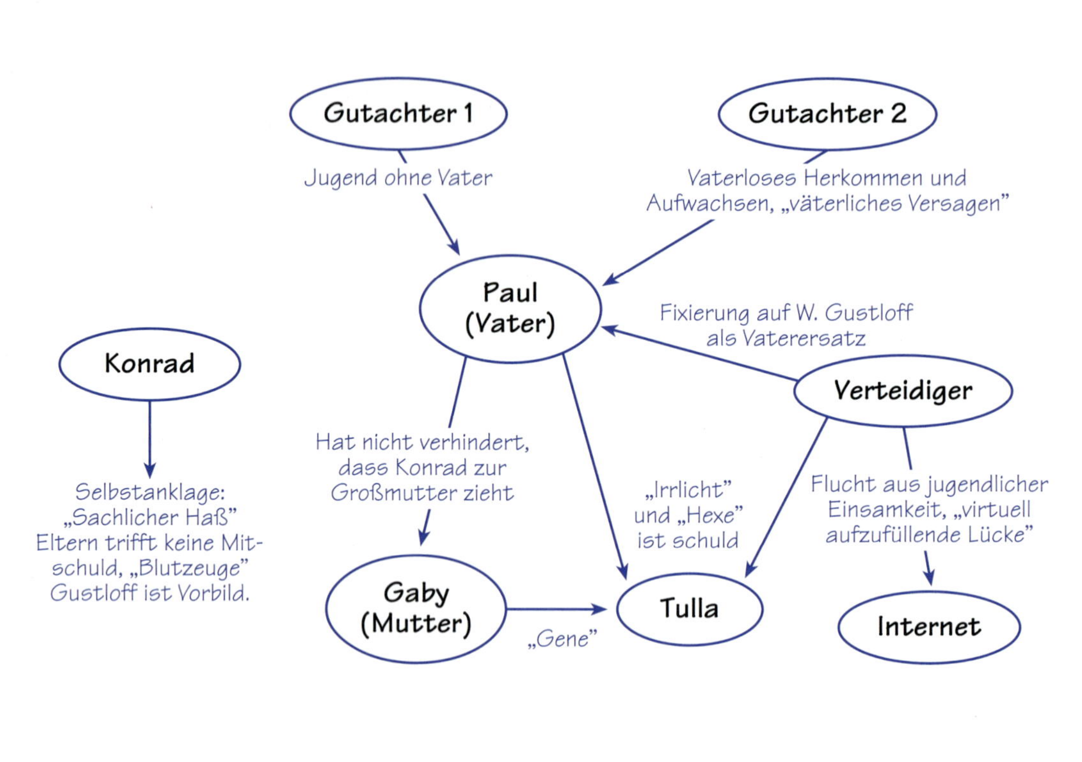

■ *Welche Erkenntnisse lassen sich aus dem Tafelbild ziehen?*

Bei der Interpretation des Tafelbildes dürfte schnell erkennbar werden, dass es eine Reihe von Schuldzuweisungen gibt und dass sie sich auf Paul konzentrieren, der als Vater versagt hat. Ferner wird erkennbar, dass Konrad sich selbst nicht als Opfer gesellschaftlicher Verhältnisse sieht, sondern die volle Verantwortung für seine Tat übernimmt. Er steht zu sich. Die Schüler können nun in die Diskussion darüber eintreten, ob die an der Tafel stehenden Thesen zutreffen bzw. welche davon am plausibelsten erscheint.

■ *Tragen Tulla, Paul und Gabi tatsächlich eine (gleich große) Mitschuld? Ist Konrad allein für sein Tun verantwortlich?*

Nachdem das Problembewusstsein der Schüler für die Frage nach der „Schuld" geschärft ist, kann nun das 9. Kapitel der Novelle auszugsweise analysiert werden. In ihm gibt der Ich-Erzähler, der ja zunächst jede Mitschuld von sich gewiesen hat, zu erkennen, dass sein opportunistischer Umgang mit der Vergangenheit, genauer: die Tabuisierung der Schiffskatastrophe, die Ursache für Konrads radikale Überreaktion ist. Bei ausreichender Zeit lesen die Schüler S. 210f.: „Was tun, wenn der Sohn des Vaters verbotene, seit Jahren unter Hausarrest leidende Gedanken liest, auf einen Schlag in Besitz nimmt und in die Tat umsetzt? [...] von letzter Konsequenz."

■ *Inwiefern hat Paul seine Einschätzung der Schuldfrage gegenüber dem Zeitpunkt der Gerichtsverhandlung geändert?*

Der kausale Zusammenhang von Tabuisierung (Vater) und Radikalisierung (Sohn) kann an der (Außen-)Tafel wie folgt dargestellt werden:

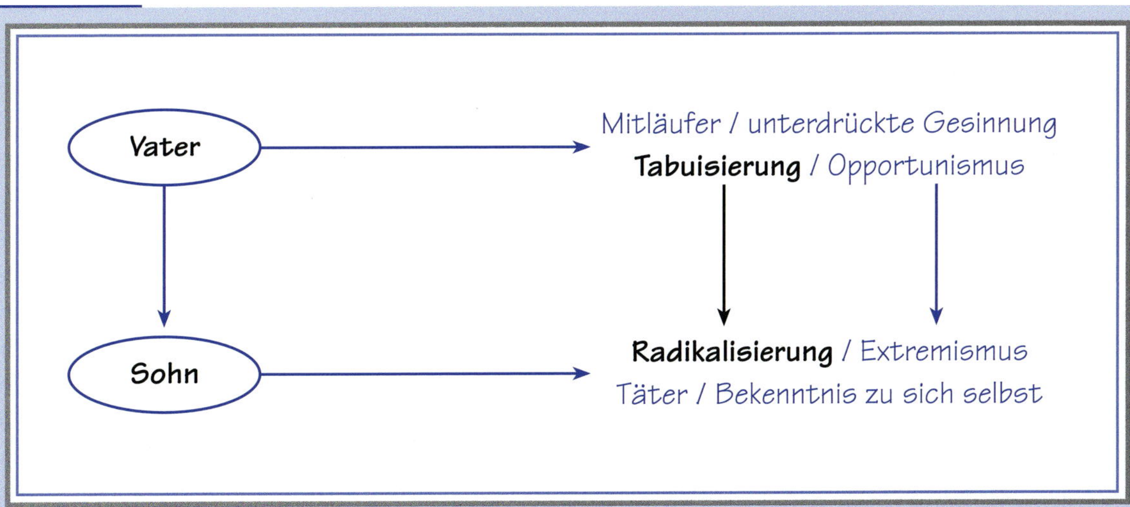

Interessant ist die analog verlaufende Radikalisierung des Schülers Wolfgang Stremplin, dessen überaus verständnisvolle „liberale" Eltern ebenfalls ein Aufbegehren des Sohnes provozieren. Ein Lernziel könnte in der Erkenntnis bestehen, dass es bei dem Antisemiten Konrad und dem Philosemiten Wolfgang trotz gegensätzlicher politischer Positionen eine tiefere Übereinstimmung in der Sehnsucht nach Freund- und Feindbildern bzw. nach eindeutiger Orientierung gibt. Sie erklärt letztlich die Feindfreundschaft der beiden Schüler.

- *Inwiefern trifft der Begriff „Feindfreund" (119) für die Beziehung zwischen Konrad und Wolfgang zu? Was verbindet die beiden, was trennt sie?*
- *In welcher Hinsicht sind sich Konrads und Wolfgangs Eltern ähnlich? Wie hätten sie dem Radikalismus ihrer Söhne vorbeugen können?*

Das Trennende und das Verbindende in der Beziehung der beiden Schüler Konrad und Wolfgang kann tabellarisch notiert und an der Tafel gesichert werden. Dabei wird besonderes Augenmerk auf die Erfahrung beider Figuren zu legen sein, dass die Eltern sich gegenüber den geschichtlichen Ereignissen in der NS-Zeit gleichgültig oder tabuisierend verhalten und so den Eifer ihrer Kinder provoziert haben.

Bei Zeitmangel lässt sich die Analyse des 9. Kapitels mit der Frage nach der veränderten Sichtweise Pauls auch in die (schriftliche) Hausaufgabe verlegen und zu Beginn der Folgestunde nachholen. Eine alternative Hausaufgabe könnte in der Verschriftlichung der im Tafelbild fixierten Stundenergebnisse bestehen.

- *Verschriftlichen Sie die an der Tafel stichwortartig notierten Gedanken in einem zusammenhängenden Text.*

4.2 Der Prozess vor dem Schweriner Landgericht Simulation der Gerichtsverhandlung

Im Sinne einer handlungsorientierten Vertiefung der Unterrichtsergebnisse bietet es sich an, die im 8. Kapitel der Novelle geschilderte Gerichtsverhandlung gegen Konrad Pokriefke von den Schülern nachspielen zu lassen. Der Erzähler fasst die Aussagen der Prozessbeteiligten z. T. nur sehr knapp zusammen, sodass den Schülern Spielräume zur kreativen Ausgestaltung der Rollen eröffnet werden. Zur Vorbereitung und Durchführung der Hauptverhandlung ist eine Doppelstunde erforderlich. In der ersten Stunde wird zunächst der Ablauf einer Gerichtsverhandlung im Lehrer-Schüler-Gespräch oder im Lehrervortrag geklärt, die genaue Schrittfolge muss den Schülern als Leitfaden vorliegen oder über den Tageslichtprojektor im Klassenzimmer jederzeit nachlesbar sein (vgl. **Zusatzmaterial 4**, S. 128). Anschließend werden die Rollen der Prozessbeteiligten erläutert (**Zusatzmaterial 5**, S. 129) und – in Anlehnung an die Prozessschilderung im 8. Kapitel der Novelle – unter den Schülern verteilt (**Arbeitsblatt 21**, S. 78). Am Prozess beteiligt sind der Richter und zwei Schöffen, der Staatsanwalt, der Angeklagte Konrad, sein Verteidiger, als Zeugen Konrads Eltern Paul Pokriefke und Gabriele, seine Großmutter Tulla, seine Freundin Rosi sowie zwei seiner Lehrer, ferner die Eltern von Wolfgang Stremplin und ein bis zwei (psychologische) Gutachter. (Abweichend vom Novellentext, demzufolge Konrads Eltern vor Gericht von ihrem Aussageverweigerungsrecht Gebrauch machen, sollten bei der Simulation auch Paul und Gabriele als Zeugen aussagen.) Da es sich um einen Prozess vor der Jugendstrafkammer handelt, ist die Öffentlichkeit ausgeschlossen. Um außer den genannten 15–16 Prozessbeteiligten auch die anderen Schüler der Lerngruppe zu aktivieren, empfiehlt sich die Vorbereitung in Klein- oder Tandemgruppen, die jeweils ein Mitglied für den Auftritt bestimmen. Denkbar ist auch, dass es unter den Schülern Prozessbeobachter gibt, die einen Bericht für die Schweriner Tageszeitung verfassen (dann allerdings unter Verletzung der Rechtslage, die das Prinzip der Öffentlichkeit bei Jugendstrafsachen ausschließt) oder einfach ihre Beobachtungen am Ende der Verhandlung mitteilen. Die Schüler bereiten sich nun auf die Verhandlung vor, indem sie das 8. Kapitel noch einmal in Stillarbeit lesen und im Hinblick auf ihre Rolle auswerten. Sie erhalten den Auftrag, das Dargestellte durch genauere Begründungen zu vertiefen, also über das Erzählte hinauszugehen. Sie machen sich stichwortartige Notizen (hierbei können sie an die Rollenkarten der vorangehenden Stunde anknüpfen) und diskutieren in der Gruppe, wie sie ihre Figur vor Gericht auftreten lassen wollen. Die Arbeitsaufträge lauten je nach Rolle wie folgt (eine Liste mit allen Rollen und ihren Aufgaben enthält **Arbeitsblatt 21**):

- *Sie sind Tulla Pokriefke. Lesen Sie zur Vorbereitung in Kap. 8 die Seiten 178–182. Machen Sie Angaben zu Ihrer Person. Beantworten Sie alle Fragen wahrheitsgemäß. Sie können bei bestimmten Fragen auch von Ihrem Zeugnisverweigerungsrecht Gebrauch machen.*
- *Bereiten Sie zur Verteidigung des Angeklagten für Ihr Schlussplädoyer entlastende Argumente vor (mildernde Umstände etc.) und begründen Sie Ihre Forderung. Während des Prozesses dürfen Sie Zeugen befragen.*
- *Bereiten Sie als Staatsanwalt die Anklageschrift vor (als Hilfestellung erhalten Sie eine Musteranklage und wichtige juristische Informationen). Während des Prozesses dürfen Sie Zeugen befragen; in Ihrem Schlussplädoyer begründen Sie das von Ihnen geforderte Strafmaß.*

In der Verhandlung sollten die Zeugen möglichst frei sprechen. Der Staatsanwalt bereitet mithilfe einer Mustervorlage auf der Grundlage der §§ 211 und 212 StGB (**Zusatzmaterial 6**, S. 130) seine Anklageschrift vor. Die juristischen Informationen zur Unterscheidung der

Straftatbestände „Mord" und „Totschlag" werden auch der Gruppe der Verteidiger ausgehändigt. Sie sind notwendig, da Konrad schließlich wegen „Totschlags" verurteilt wird. (Vom Prozessergebnis in der Novelle dürfen die Schüler freilich auch abweichen.)
In der zweiten Stunde beginnt die Verhandlung. Die Beteiligten nehmen nach einer gerichtsüblichen Sitzordnung im Gerichtssaal ihre Plätze ein (vgl. Zusatzmaterial 5). Der Richter übernimmt mit seinen Schöffen die „Moderation" (Feststellung der Anwesenheit, Vernehmung zur Person, Beweisaufnahme, Einberufung in den Zeugenstand etc.). Dabei hält er sich an die zuvor geklärte Prozessordnung nach § 231f. (StPO). Mithilfe von Requisiten oder Kostümen aus dem Theaterfundus der Schule (Hammer, Glocke, Richterrobe, Gesetzbuch, Fuchskragen für Tulla, Fotos als Beweismaterial, Tatwaffe etc.) könnte die Inszenierung noch wirkungsvoller gestaltet werden.

4.3 Virtuelle Schlachten – die Gefahren des Internets

Welche negativen Folgen die kollektive Verdrängung der Schiffskatastrophe hat, wird vor allem im Internet an den „Hassorgien" der „Online-Fighter" (159) Konrad und Wolfgang erkennbar. Für den Hobby-Historiker Konrad Pokriefke und seine Generation ist das Internet das Medium, in dem sich tabuisierte Ereignisse unzensiert rekonstruieren und sogar im virtuellen Rollenspiel *handelnd* wiederholen lassen. Das Internet fördert die verdrängte Geschichte wieder zutage, sie kommt „an die digitale Oberfläche der gegenwärtigen Wirklichkeit" (150) und wird dadurch so aktuell und lebendig, dass die Grenze zwischen Vergangenheit und Gegenwart aufgehoben scheint: „Als seien bestimmte Zeitungsartikel noch druckfrisch" oder „als wäre der Mord von Davos erst gestern geschehen" (63), ereifern sich die Chatpartner über das längst Vergangene und reinszenieren es als aktuelles Drama: „Es war, als sollte der Prozeß [gegen David Frankfurter] noch einmal ablaufen." (46) Das Internet funktioniert demnach wie eine Zeitmaschine, die es den „Usern" erlaubt, ihre Wirklichkeit gegen virtuelle Welten einzutauschen und in ihnen mit neuer Identität zu agieren: Konrad als „Wilhelm", Wolfgang als „David". Die ideologische Manipulation der geschichtlichen Fakten und die emotionale Identifikation mit den toten Helden geht aber über ein harmloses mediales Spiel hinaus. Das Internet ist nicht nur „Medium", sondern wirkt seinerseits mit tödlicher Konsequenz auf die Wirklichkeit der Chatter zurück. Deren im Fachjargon sogenannte „Real Life-Begegnung" in Schwerin endet mit dem Mord an Wolfgang Stremplin. Virtualität wird Realität. Das ist die eine medienkritische Botschaft der Novelle, die andere besteht in der Warnung, dass die „Quasselbude" (117) des Internets unser kollektives Gedächtnis ersetzt, wenn wir nicht durch einen ernsthaften Diskurs in anderen Medien uns der schwierigen, bisher verdrängten Themen annehmen. Grass' *Krebsgang* ist also zweifellos auch eine literarische Medienreflexion, eine intensive – zuweilen polemische – Auseinandersetzung mit den Gefahren computergestützter Kommunikation im Internet. Gerade weil heutige Schüler mit dem Internet so vertraut sind, sollte diese Dimension der Novelle durch die gemeinsame Textanalyse und Diskussion besonders gewürdigt werden.

Die Stunde wird mit folgendem Zitat (über Folie, Tafel oder Lehrervortrag) eröffnet, das die Schüler spontan kommentieren sollen:
„Jedenfalls sind sich Gabi und ich darin [...] einig: als Konny den Computer geschenkt bekam, begann all das Unglück." (68)

- *Inwiefern stimmen Sie dieser Aussage zu? Nehmen Sie Stellung!*
  (Alternativ oder anschließend:)
  Inwiefern hat der Computer zum „Unglück" beigetragen?

Ein anderes Schlüsselzitat zur Eröffnung der Diskussion ist in diesem Zusammenhang die Aussage Tulla Pokriefkes nach dem Gerichtsurteil:
„Nich das Jungchen, mich hätten se ainlochen jemußt. Na ja doch, ech binnes jewesen, die ihm erst das Computerding und dann das Schießaisen [...] jeschenkt hat." (198)

- *Tulla nennt den Computer in einem Atemzug mit der Mordwaffe und stellt damit einen inneren Zusammenhang zwischen beiden „Geräten" her. Warum? Inwiefern ist der Computer mit einer „Waffe" vergleichbar?*

Die vorläufigen Ergebnisse der Diskussion können an den Tafelaußenseiten dokumentiert werden. Zu erwarten ist, dass die Schüler auf den Propaganda-Aspekt eingehen und erwähnen, dass das Internet eines der wichtigsten Agitationsmedien für Rechtsextreme darstellt. Auch die Tatsache, dass im Schutze der Anonymität, den das Internet bietet, eine völlige Enthemmung und emotionale Aufstachelung stattfinden kann, wird vermutlich in der ersten Reflexionsphase eingebracht. Zur Lenkung der Diskussion können folgende Frageimpulse eingesetzt werden:

- *Was tun Konrad und Wolfgang im Internet?*
  Welche Rolle spielt das Internet in ihrem Leben?
  Warum wählen sie gerade dieses Medium? Welche Vorteile bietet es ihnen?

In der anschließenden Erarbeitungsphase lesen die Schüler (still oder mit interpretierendem Textvortrag) einen Auszug aus dem 2. Kapitel der Novelle (ab S. 47: „Da im Kanton Graubünden [...]" bis S. 49 unten) mit folgendem Auftrag:

- *Achten Sie bei der Lektüre darauf, welche Funktionen das Internet und die Chat-Kommunikation für Konrad und Wolfgang haben. Markieren Sie anschließend aussagekräftige Textstellen und notieren Sie stichwortartig, welche Funktionen des Internets Sie aus diesen Textstellen ableiten.*

Die individuelle Textarbeit, für die eine Stillarbeitsphase von ca. 10 Minuten einzuplanen ist, besteht in der begrifflichen Abstraktion der Textinformationen: Konrad und Wolfgang schlüpfen in eine Rolle (Rollenspiel), aktualisieren und verlebendigen die Geschichte durch ihre Rolle, betreiben Propaganda durch die selektive Zuspitzung geschichtlicher Fakten, beschimpfen sich (aggressive Abwertungen und Beleidigungen anderer Chatter im Internet werden in Fachkreisen als „Flaming" bezeichnet), inszenieren ihren Disput wie einen sportlichen Wettkampf und changieren dabei zwischen Spaß und blutigem Ernst. Die Ergebnisse der Textarbeit könnten wie folgt an der Tafel gesammelt werden:

Das Internet im „Krebsgang"

Funktionen		Folgen
Rollenspiel: Konrad und Wolfgang nehmen historische „Nicknames" an und agieren in den Masken der toten Helden.	→	Wechsel der Identität (Anonymität)
Aktualisierung der Geschichte: Die vergangenen Ereignisse werden im Rollenspiel wieder gegenwärtig und wie aktuelle Geschehnisse behandelt.	→	Leben in virtuellen Welten
Propaganda: Historische Quellen und „Hetzparolen" werden zu propagandistischen Zwecken eingesetzt.	→	Verzerrung der Geschichte
Beschimpfungen: Chatpartner können sich im Schutze der Anonymität beschimpfen und beleidigen (sogenanntes „Flaming").	→	Steigerung der Aggressivität
Spiel: Freizeitbeschäftigung mit Unterhaltungswert („Jux", „Spaßvögel"); sportlicher Wettkampf	→	Verharmlosung

Resultat: Die Chatpartner begegnen sich im „Real Life" – aus spielerischem Eifer wird am Ende blutige Realität.

Die rechts dokumentierten Folgen der Internet-Nutzung werden ebenfalls von den Schülern benannt bzw. aus der Sammlung der links stehenden „Funktionen" bestimmt. Dabei sollten die Schüler-Aussagen immer an Zitate aus dem Novellentext rückgebunden werden.
Als Hausaufgabe bietet sich an: a) eine *nachbereitende Vertiefung der Stundenergebnisse* in einem Gutachten, das im Sinne der Verteidigung Konrad als „Opfer" des Mediums Internet begreift, oder b) die Erstellung einer Liste mit Fragen, welche die Schüler bei der Recherche zum Thema Rechtsextremismus im Internet in der Folgestunde beantworten wollen.

- *Verfassen Sie als Medienexperte des Jugendamts ein Gutachten, das Konrad als Opfer des Mediums Internet darstellt und ihn so im Sinne der Verteidigung entlastet. Fassen Sie in Ihrem Gutachten die Ergebnisse der Stunde zusammen.*
- *Erstellen Sie eine Liste mit Fragen, die Sie bei der Internetrecherche zum Thema Rechtsextremismus in der nächsten Deutschstunde klären wollen.*

4.4 Die rechtsextreme Szene im Internet – eine Bestandsaufnahme

Dass das Thema „Rechtsextremismus und Internet" einen außerliterarischen „Sitz im Leben" hat, können die Schüler anhand eigener Recherchen im Computerraum der Schule entdecken. Tatsächlich ist das Internet schon mit seiner Einführung zu einem bevorzugten Auf-

marschplatz der extremen Rechten geworden. Laut Verfassungsschutz waren im Jahre 2004 etwa 950 deutsche Homepages zugänglich, weltweit sind derzeit etwa 4000 „Hate-Pages" online, wobei die Dunkelziffer erheblich sein dürfte. Wichtiger als die Gesamtzahl erscheint aber die Attraktivität derartiger Angebote für jugendliche Zielgruppen. Die sogenannte „Cyber-SA" arbeitet längst mit modern gestalteten Websites, „die speziell auf ein jugendliches Publikum zugeschnitten sind und gezielt deren Rezeptionsgewohnheiten und Kommunikationsbedürfnisse bedienen. Die Integration von jugendkulturellen Elementen (z. B. Musik, Spiele) und Szenen (z. B. Gothic, Okkultismus/Esoterik) oder von Kontakt- und Interaktionsangeboten stellen Anziehungspunkte dar und bieten Web-Usern eine einfache Möglichkeit, in eine rechtsextreme Gegenwelt einzutreten."[1] Indem die Schüler selbst im Internet Webseiten mit authentischem Propagandamaterial aufrufen und sie analysieren, erkennen sie, dass das Thema der Novelle der aktuellen Wirklichkeit entspricht und auch in ihren eigenen Alltag hineinwirken kann. Sie lernen die Merkmale rechtsextremer Propaganda kennen und können sich besser gegen ideologische Verführung schützen.
Da sich die Schüler in dieser Erarbeitungsphase mit z. T. verfassungswidrigem bzw. strafrechtlich relevantem Material befassen, muss von vornherein gewährleistet sein, dass die unterrichtliche Auseinandersetzung in einem kontrollierten Rahmen unter Aufsicht der Lehrkraft stattfindet. Die Lehrkraft sollte die Lerngruppe gut genug kennen, um die politische Reife und Kritikfähigkeit der Schüler gegenüber rechtsextremen Gesinnungen einschätzen zu können. Jeder Lehrer/jede Lehrerin muss individuell entscheiden, ob es zu verantworten ist, die Schüler mit rechtsextremistischen Internetquellen arbeiten zu lassen. Sollte es irgendeinen Zweifel an der freiheitlich-demokratischen Orientierung der Schüler geben, ist von der Durchführung dringend abzuraten. In den meisten Bundesländern erfolgt der Internet-Zugang der Schulen über Landesserver, die mit einem speziellen Filter gegen rechtsextreme, pornografische oder Gewalt verherrlichende Seiten ausgestattet sind. Es empfiehlt sich deshalb, auf die von der Bundeszentrale für politische Bildung herausgegebene CD-ROM „Rechtsextremismus im Internet"[2] zurückzugreifen, die authentisches Propagandamaterial (z. B. konkrete Beispiele rechtsextremer Websites, rechtsextremer Musik sowie PowerPoint-Präsentationen für einen schnellen Einstieg) und pädagogische Modelle zur Auseinandersetzung mit dem Rechtsextremismus anbietet. Teile dieser CD-ROM lassen sich in der Regel problemlos über den Lehrer-PC in das Schüler-Netz einspeisen und den Gruppen für ihre Recherche-Arbeit zur Verfügung stellen.

Zu Beginn der Stunde schreibt die Lehrkraft die Überschrift eines Artikels aus der *Süddeutschen Zeitung* an die Tafel: *„Das Vierte Reich heißt Cyberspace"*[3] und lässt die Schüler sich spontan dazu äußern.

- *Was ist mit dieser Artikelüberschrift gemeint?*
  Wie lässt sich dieser Sachverhalt erklären?
  Welche Erfahrungen haben Sie selbst mit rechten Inhalten im Internet gemacht?

Die Schüler erhalten Gelegenheit, ihr Vorwissen (auch aus der vorangehenden Stunde) zu aktivieren und evtl. bestehende eigene Erfahrungen beim Surfen zu verbalisieren. Falls die vorbereitende Hausaufgabe gestellt wurde, können an der Tafel die Fragen der Schüler festgehalten werden, die sie gerne bei der Recherche zum Thema „Internet und Rechtsex-

[1] Rechtsextremismus im Internet. Recherchen, Analysen, pädagogische Modelle zur Auseinandersetzung mit dem Rechtsextremismus. [CD-Rom] Hg. v. der Bundeszentrale für politische Bildung. 2. Aufl. 2004, Einleitung

[2] Die CD-ROM ist über die Bundeszentrale für politische Bildung gegen eine Bereitstellungspauschale von 4 € zu beziehen.

[3] Vgl. Birgit Pauli-Haack: Das Vierte Reich heißt Cyberspace. In: SZ (11.11.97), online abrufbar unter http://www.shoahproject.org/nocensor/szsurf.htm.

tremismus" klären möchten. Alternativ bietet sich als informativer Einstieg zum Thema ein Lehrervortrag auf der Grundlage der von der Bundeszentrale für politische Bildung erstellten PowerPoint-Präsentation an. Zur Klärung des Begriffs „Rechtsextremismus" kann den Schülern eine Definition rechtsextremer Merkmale – ebenfalls von der Bundeszentrale für politische Bildung – ausgehändigt werden (vgl. **Zusatzmaterial 7**, S. 132). Sie kann als Analysewerkzeug für die Untersuchung der Internet-Seiten hilfreich sein, wenn es darum geht, rechtsextreme Propaganda zu erkennen und zu benennen.
Je nach Größe der Lerngruppe werden nun mindestens vier, maximal acht Kleingruppen mit 2–3 Schülern gebildet, die jeweils gemeinsam an einem PC arbeiten. Sie erhalten ihren Arbeitsauftrag mit einschlägigen Internetadressen zu ihrem Thema (**Arbeitsblatt 22**, S. 80)[1] sowie das **Arbeitsblatt 23**, S. 81 (für Gruppe 2) zur Auswertung der recherchierten Informationen. Die vier Themengebiete sind:

1. Der Verfassungsschutzbericht zur Entwicklung des Rechtsextremismus in der Bundesrepublik Deutschland
2. Rechtsextreme Seiten im Internet
3. Rechtsextreme (Chat-)Foren
4. Die Debatte um eine Zensur für rechtsextreme Seiten im Internet

Bei größeren Lerngruppen bilden sich zu jedem Thema Parallelgruppen. Die Internet-Adressen sollten den Schülern von der Lehrkraft zur Verfügung gestellt werden, da die Recherche sonst zu viel Zeit in Anspruch nähme.
Während der Gruppenarbeit tragen die Schüler der Gruppe 2 ihre Beobachtungen in den Auswertungsbogen ein (**Arbeitsblatt 23**, S. 81); später präsentieren die Gruppen (ggf. je zwei Parallelgruppen) die analysierten Seiten mithilfe eines Beamers, referieren die Thesen und benennen Merkmale rechtsextremer Propaganda. Die Gruppe zur Chat-Kommunikation präsentiert ein Forum, analysiert die Sprache der Chatter und vergleicht sie mit der von Konrad und Wolfgang in der Novelle. Die vierte Gruppe referiert die Argumente von Befürwortern und Gegnern der Internet-Zensur und nimmt dazu Stellung. Am Ende erfolgt eine Schlussreflexion zu den Ergebnissen der Stunde und zu ihrer Aussagekraft in Bezug auf die Novelle.
Für die Internet-Recherche und die Präsentation der Ergebnisse ist möglichst eine Doppelstunde anzusetzen (dann ist auch die induktive Erarbeitung einer Begriffsdefinition für „Rechtsextremismus" mit einer Sammlung von Kennzeichen möglich), bei einer Einzelstunde (45 Minuten) sollten die Schüler für ihre Recherche mindestens 20 Minuten Zeit haben. Da für die Präsentation der Ergebnisse pro Gruppe mindestens fünf Minuten einzukalkulieren sind, muss für die Auswertung unter Umständen noch ein Teil der Folgestunde beansprucht werden.

Weitere nützliche Links (Recherche 2006):
http://www.ida-nrw.de/html/Fagit.htm = Informations- und Dokumentationszentrum für Antirassismusarbeit in Nordrhein-Westfalen
http://www.idgr.de/texte/rechtsextremismus/internet/hass-pur.php = Informationsdienst gegen Rechtsextremismus
http://www.cornelsen.de/shoah/content_toleranz/1_unterrichtsmaterialien/1118rechtsextremismus.htm = Arbeitsblätter und Handreichungen für den Unterricht
http://www.lehrer-online.de/url/illegale-inhalte = Information für Lehrkräfte über die wichtigsten gesetzlichen Bestimmungen zu extremistischen, jugendgefährdenden oder sonstigen illegalen Inhalten im Internet
http://www.uni-bremen.de/~ipsnet/jein/html/berichthtml.htm = eine sozialpsychologische Untersuchung der Universität Bremen zum Thema „Junge Erwachsene im Netz. Kommunikation und Identitätsbildung in Chats und Online-Rollenspielen"

[1] Bei diesen Adressen handelt es sich um Portale oder Foren, die bei der Erarbeitung dieses Unterrichtsmodells erreichbar waren. Sie sollten vor dem Einsatz des Unterrichtsmaterials überprüft oder ggf. aktualisiert werden.

Ursachen für Konrads Rechtsextremismus
Thesen der Prozessbeteiligten

Sie sind der erste Gutachter in der Gerichtsverhandlung gegen den Angeklagten Konrad Pokriefke. Worin sehen Sie die Ursache für seine rechtsextreme Straftat? Schreiben Sie Ihre gut begründete persönliche Ansicht in der Ich-Form auf. (Orientieren Sie sich an Kap. 8, S. 193–196.)

Sie sind der zweite Gutachter in der Gerichtsverhandlung gegen den Angeklagten Konrad Pokriefke. Worin sehen Sie die Ursache für seine rechtsextreme Straftat? Schreiben Sie Ihre gut begründete persönliche Ansicht in der Ich-Form auf. (Orientieren Sie sich an Kap. 8, S. 193–196.)

Sie sind Paul Pokriefke. Worin sehen Sie die Ursachen für die rechtsextreme Straftat Ihres Sohnes? Schreiben Sie Ihre gut begründete persönliche Ansicht in der Ich-Form auf. (Orientieren Sie sich an Kap. 8, S. 193–196.)

Sie sind Konrads Mutter. Worin sehen Sie die Ursachen für seine rechtsextreme Straftat? Schreiben Sie Ihre gut begründete persönliche Ansicht in der Ich-Form auf. (Orientieren Sie sich an Kap. 8, S. 193–196.)

In der Gerichtsverhandlung gegen Konrad Pokriefke sind Sie dessen Verteidiger. Worin sehen Sie die Ursache für seine rechtsextreme Straftat? Schreiben Sie Ihre gut begründete persönliche Ansicht in der Ich-Form auf. (Orientieren Sie sich an Kap. 8, S. 193–196.)

Sie sind der Angeklagte Konrad Pokriefke. Sie werden vor Gericht nach Ihren Motiven für den Mord an Wolfgang Stremplin befragt. Worin sehen Sie die Ursache für Ihre rechtsextreme Straftat? Schreiben Sie Ihre Darstellung in der Ich-Form auf. (Orientieren Sie sich an Kap. 8, S. 193–196.)

Rollenkarten für die Gerichtsverhandlung

Staatsanwaltschaft

Bereiten Sie die Anklageschrift vor (als Hilfestellung erhalten Sie eine Musteranklage und wichtige juristische Informationen). Während des Prozesses dürfen Sie Zeugen befragen; in Ihrem Schlussplädoyer begründen Sie das von Ihnen geforderte Strafmaß.

Verteidigung

Informieren Sie sich anhand des beiliegenden Textes über die Rechtsgrundlagen. Bereiten Sie für Ihr Schlussplädoyer entlastende Argumente vor (mildernde Umstände etc.) und begründen Sie Ihre Forderung (Freispruch? Mildere Strafe?). Während des Prozesses dürfen Sie Zeugen befragen.

Zeuge Paul Pokriefke

Lesen Sie zur Vorbereitung in Kap. 8 die Seiten 178–188 und 193–197. Machen Sie Angaben zu Ihrer Person. Beantworten Sie alle Fragen wahrheitsgemäß. Sie können bei bestimmten Fragen auch von Ihrem Zeugnisverweigerungsrecht Gebrauch machen.

Zeugin Tulla Pokriefke

Lesen Sie zur Vorbereitung in Kap. 8 die Seiten 178–182. Machen Sie Angaben zu Ihrer Person. Beantworten Sie alle Fragen wahrheitsgemäß. Sie können bei bestimmten Fragen auch von Ihrem Zeugnisverweigerungsrecht Gebrauch machen.

Zeugin Gabriele (Mutter)

Lesen Sie zur Vorbereitung in Kap. 8 die Seiten 183–188. Machen Sie Angaben zu Ihrer Person. Beantworten Sie alle Fragen wahrheitsgemäß. Sie können bei bestimmten Fragen auch von Ihrem Zeugnisverweigerungsrecht Gebrauch machen.

Zeugin Rosi (Konrads Freundin)

Lesen Sie zur Vorbereitung in Kap. 8 die Seiten 188f. Machen Sie Angaben zu Ihrer Person. Beantworten Sie alle Fragen wahrheitsgemäß. Ergänzen Sie, was im Text offenbleibt, indem Sie plausible Informationen „hinzuerfinden".

Zeuge Herr Stremplin

Lesen Sie zur Vorbereitung in Kap. 8 die Seiten 184–188. Machen Sie Angaben zu Ihrer Person. Beantworten Sie alle Fragen wahrheitsgemäß. Füllen Sie „Leerstellen" aus, indem Sie plausible Informationen „hinzuerfinden". Sprechen Sie sich mit Ihrer Ehefrau ab.

Zeuge Frau Stremplin

Lesen Sie zur Vorbereitung in Kap. 8 die Seiten 184–188. Machen Sie Angaben zu Ihrer Person. Beantworten Sie alle Fragen wahrheitsgemäß. Füllen Sie „Leerstellen" aus, indem Sie plausible Informationen „hinzuerfinden". Sprechen Sie sich mit Ihrem Ehemann ab.

Zeuge Herr/Frau Schneider (Lehrer[in] von Konrad Pokriefke)

Lesen Sie zur Vorbereitung die Seite 188. Machen Sie Angaben zu Ihrer Person. Erzählen Sie von Ihren Eindrücken aus der Schule und von Konrads schulischen Leistungen. Beantworten Sie alle Fragen wahrheitsgemäß. Füllen Sie „Leerstellen" aus, indem Sie plausible Informationen „hinzuerfinden". Sprechen Sie möglichst frei.

Zeuge Herr/Frau Leithold (Lehrer[in] von Konrad Pokriefke)

Lesen Sie zur Vorbereitung die Seite 188. Machen Sie Angaben zu Ihrer Person. Erzählen Sie von Ihren Eindrücken aus der Schule und von Konrads schulischen Leistungen. Beantworten Sie alle Fragen wahrheitsgemäß. Füllen Sie „Leerstellen" aus, indem Sie plausible Informationen „hinzuerfinden". Sprechen Sie möglichst frei.

Angeklagter Konrad Pokriefke

Lesen Sie zur Vorbereitung Ihres Auftritts vor Gericht S. 178, 182f., **189–193**, 194f. Machen Sie Angaben zu Ihrer Person. Beantworten Sie alle Fragen wahrheitsgemäß und legen Sie die Motive für Ihre Tat detailliert dar. Sprechen Sie möglichst frei.

Gutachter Herr/Frau Dr. Wegner

Wie schätzen Sie als psychologischer Gutachter die Schuldfähigkeit des Angeklagten ein? Welche Tatmotive sind für Sie erkennbar? Stellen Sie Ihr Gutachten vor und antworten Sie auf die Fragen vor Gericht. Lesen Sie zur Vorbereitung S. 193f.

Richter und Schöffen

Sie sind zu dritt für die Prozessleitung zuständig, d. h., Sie eröffnen den Prozess, achten auf die formal korrekte Folge der Prozessschritte und schließen ihn nach Anhörung aller Prozessbeteiligten mit der gut begründeten Urteilsverkündung ab. Sie rufen die geladenen Zeugen und Gutachter in den Zeugenstand (siehe die Liste unten), stellen die Personalien fest und lassen sie durch Staatsanwaltschaft und Verteidigung befragen. Sie dürfen auch selbst die Zeugen befragen. Teilen Sie die genannten Aufgaben sinnvoll auf.

Zu vernehmen/befragen sind:
Der Angeklagte Konrad Pokriefke
Sein Vater Paul Pokriefke
Seine Mutter Gabriele
Seine Großmutter Tulla Pokriefke
Seine Freundin Rosi
Seine Lehrer Schneider und Leithold
Das Ehepaar Stremplin
Der psychologische Gutachter Dr. Wegner

Arbeitsaufträge für die Internetrecherche

Gruppe 1 a/b: Die aktuelle Sachlage laut Verfassungsschutz

Recherchieren Sie im Internet auf der Seite www.verfassungsschutz.de Zahlen und Fakten zum Rechtsextremismus in Deutschland (ZAFAREX)

- Wie wird der Begriff „Rechtsextremismus" definiert?
- Wie hat sich die rechtsextreme Szene in den letzten Jahren entwickelt?
- Welche Informationen finden Sie über rechtsextreme Parteien, Homepages sowie über rechtsextreme Straf- und Gewalttaten in Deutschland?

Notieren Sie die wichtigsten Informationen stichwortartig, sodass Sie Ihre Recherche-Ergebnisse später referieren können.

Gruppe 2 a/b: Rechtsextreme Internet-Seiten

Untersuchen Sie zwei rechtsextreme Internet-Seiten und

- benennen Sie die dort auffindbaren Wesensmerkmale des Rechtsextremismus.
- Welche Strategien verwenden die Autoren der Seiten, um speziell Jugendliche für sich zu gewinnen?

Als Ausgangsseite für Ihre Recherche rufen Sie bitte
http://www.humanitas-international.org/links-antifa.htm#c oder das „Informationsportal Rassismus und Antisemitismus" von Burkhard Schröder auf: http://www.burks.de/nazis.htm#C.
Konzentrieren Sie sich hier auf die Rubrik *„Diverse rechte Parteien und Gruppen, Kameradschaften"* oder auf die Rubrik *„Frauen in der rechten Szene"*, z. B. über die Adresse:
http://www.die-kommenden.net/triskele/
Wenn Sie mit der CD-ROM der Bundeszentrale für politische Bildung arbeiten, wählen Sie den Pfad rechtsextreme_jugendszene\materialien\Websites\index.html.
Füllen Sie den Auswertungsbogen aus und stellen Sie anschließend die Thesen und rechtsextremen Merkmale der untersuchten Seiten vor.

Gruppe 3 a/b: Chat-Foren

Untersuchen Sie folgende Chat-Foren im Internet
http://www.stormfront.org/forum, http://www.ostfrontforum.de

- im Hinblick auf rechtsextreme Merkmale
- auf besondere sprachliche Merkmale (Stil, Ausdrucksweise)
- Vergleichen Sie die Kommunikationsweise mit der von Konrad und Wolfgang in der Novelle.

Präsentieren Sie Ihre Ergebnisse (möglichst unter Verwendung konkreter Beispiele im Anschluss an Ihre Recherche).
Adressen weiterer rechtsextremer Chat-Foren finden Sie im „Informationsportal Rassismus und Antisemitismus" von Burkhard Schröder auf:
http://www.burks.de/nazis.htm#C

Gruppe 4 a/b: Thema: Zensur im Internet?

Ist es sinnvoll, rechtsextremes Gedankengut im Internet durch Zensur zu bekämpfen? Informieren Sie sich über die Pro- und Kontra-Argumente zum Thema „Zensur im Internet".

Listen Sie die Argumente stichwortartig auf, sodass Sie die zentralen Gesichtspunkte der Debatte später referieren können.

Als Informationsquellen bieten sich folgende Seiten an:
http://www.shoahproject.org/nocensor/freespeech/shfsnartikel.htm
http://www.shoahproject.org/nocensor/nizkor/shnizkorart.htm

Rechtsextreme Internetseiten – Auswertungsbogen

Tragen Sie die Ergebnisse Ihrer Analyse in diese Tabelle ein.

Inhalte und Forderungen Wesensmerkmale des Rechtsextremismus	**Sprache** (Vokabular, Stil, Metaphern etc.)	**Gestalterische Mittel** (grafische Elemente, Bilder, Sound etc.)
1. Adresse/URL:		
2. Adresse/URL:		

Baustein 5

Formanalyse: Erzählweise, Sprache, Gattung

5.1 Das sprachliche Profil der Hauptfiguren

Grass charakterisiert die Mitglieder der Familie Pokriefke in starkem Maße durch ihren individuellen Sprachstil. Die Variationsbreite reicht von Tullas Heimatdialekt (Danziger Platt) über Pauls teils umgangssprachliche, teils fachsprachliche Ausdrucksweise bis hin zu Konrads propagandistischem Sprachduktus und bietet sich damit für sprachanalytische Fragen an. Die Schüler sollen zunächst besondere Merkmale der Figurenrede herausarbeiten und aus ihnen Rückschlüsse auf den Charakter und die Aussageintentionen der Figuren ziehen, später dann kreativ mit dem Sprachmaterial umgehen und die Figurenrede dialogisch imitieren.

Als Einstieg in die Stunde dient eine kurze, provokative Begrüßungsrede, in der die Lehrkraft den Stoff der vorangehenden Stunde in extrem umgangssprachlicher Form zusammenfasst. Dieser Auftakt soll die Schüler überraschen und ihre Aufmerksamkeit auf das Thema Sprache und Stil lenken. Kontrastierend folgt sogleich eine standardsprachlich gehobene Version der Begrüßung desselben Inhalts. Beide Eröffnungsreden werden den Schülern in schriftlicher Form zunächst kommentarlos in Sprechblasen auf Folie (**Arbeitsblatt 24**, S. 92) präsentiert, mit der anschließenden Aufforderung, die sprachlichen Unterschiede zu benennen.

- *Wie unterscheiden sich diese beiden Aussagen sprachlich? Mit welchem Begriff bezeichnen wir einfache Hauptsätze, mit welchem komplexere Sätze mit untergeordneten Nebensätzen? (= Parataxe/Hypotaxe)*

Von den Schülern erwähnte Differenzmerkmale wie z. B. Syntax (Parataxe, Hypotaxe), Wortwahl/Lexik, Stilmittel/rhetorische Figuren u. a. werden unter der Überschrift „Gesichtspunkte der Sprachanalyse“ als Kategorien an der Außentafel notiert. Dabei sollte auch der Fachterminus der *Varietät* als Oberbegriff für sprachliche Subsysteme wie Dialekt, Fachsprache, Umgangssprache eingeführt werden.

- *Wie sprechen die Figuren in Grass' Novelle? Erarbeiten Sie in Gruppen zu jeweils drei Schülern das sprachliche Profil der Hauptfiguren Tulla, Paul und Konrad. Untersuchen Sie das Ihnen ausgehändigte Textmaterial auf dem Arbeitsblatt nach den an der Tafel notierten Gesichtspunkten. Zu jeder Figur bilden sich zwei Gruppen, die sich nach einer ersten Arbeitsphase treffen, ihre Ergebnisse vergleichen und sie dann stichwortartig auf Metaplankarten notieren.*

Die Frage nach der Sprache der Novellenfiguren leitet über in die Erarbeitungsphase. In mehreren Kleingruppen (jeweils zwei Parallelgruppen pro Figur) untersuchen die Schüler zunächst einen repräsentativen Text, den sie zusammen mit einer Auswertungstabelle (**Arbeitsblätter 25–27**, S. 93ff.) erhalten und auf sprachliche Merkmale (in Übereinstimmung mit den an der Tafel notierten Aspekten) hin untersuchen. Dabei sollen sie über die bloße Feststellung und Benennung einzelner sprachlicher Merkmale hinaus auch die Aussagefunk-

tion dieser Merkmale bestimmen, indem sie notieren, wie durch sie die jeweilige Figur charakterisiert wird. Auf diese Weise wird erkennbar, dass sprachliche Qualitäten kein formalistisches Beiwerk, sondern selbst substanziell für die Textinterpretation und die Figurenanalyse sind. Eine Folie mit Arbeitsaufträgen (**Arbeitsblatt 28**, S. 96) erläutert die Reihenfolge der Arbeitsschritte.
Nach der Auswertung treffen sich die Parallelgruppen und ergänzen wechselseitig ihre Ergebnisse. Die Schüler beschriften in dieser zweiten Phase der Gruppenarbeit auf Metaplankarten (in verschiedenen Farben) ihre Ergebnisse und tauschen sich zu diesem Zweck vorher gedanklich aus. Die Ergebnissicherung erfolgt durch die Präsentation der Gruppenarbeit an der Tafel. Die Schüler dokumentieren und erläutern ihre Ergebnisse mithilfe der beschrifteten Metaplankarten, die an der Tafel zu den einzelnen Figuren befestigt werden.

Als Ausstieg aus der Stunde kann ein kleines Stegreifspiel inszeniert werden: Auf einer Folie sehen die Schüler das Cover einer Videokassette mit dem Titel *Triumph und Tragödie der Wilhelm Gustloff* präsentiert (**Zusatzmaterial 8**, S. 133). Darunter ist folgende Situation vorgegeben: Konrad entleiht in der Videothek diesen Film. An der Kasse trifft er seinen Vater. Zwischen ihnen kommt es zum Streit über die *Gustloff*. Zwei Schüler versuchen, diese Begegnung stegreifartig darzustellen und dabei das sprachliche Profil der Figuren möglichst genau zu berücksichtigen. Der improvisierte szenische Abschluss dient der emotionalen und kognitiven Vertiefung des Gelernten. Bei Zeitnot kann die schriftliche Erarbeitung des Dialogs in die Hausaufgabe verlegt werden.

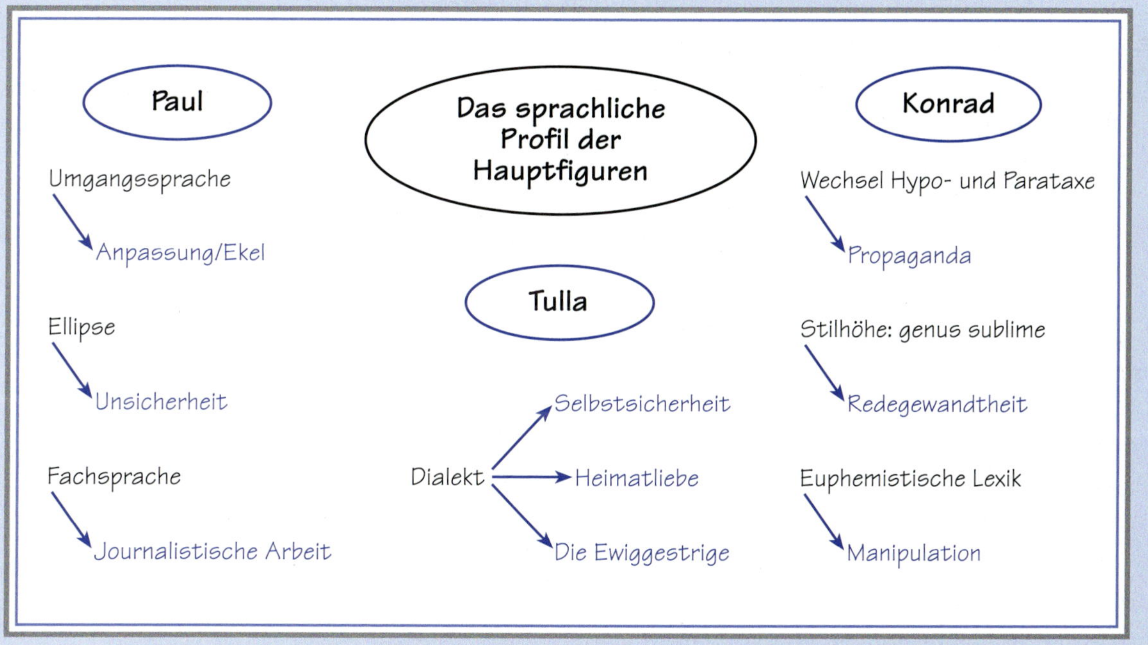

Als Material für eine vertiefende Aufgabe kann außerdem eine Rezension aus der *Neuen Zürcher Zeitung* herangezogen werden, in der Grass ein schlechter sprachlicher Stil vorgeworfen wird (**Arbeitsblatt 35**, S. 109f.). Die Schüler sollen hierzu begründet Stellung nehmen bzw. aufgrund des in der Stunde erworbenen Wissens den Autor der Novelle gegen die Vorwürfe des Rezensenten verteidigen.

5.2 Novelle oder Bericht? Zur Frage nach der Textgattung

Das Nachdenken über Gattungen sensibilisiert die Schüler zum einen für literarische Formen und ihre besonderen künstlerischen Ausdrucksmöglichkeiten und eröffnet zum anderen

Perspektiven für die inhaltliche Interpretation der Texte. Deshalb sollte die gattungspoetische Reflexion spätestens im Literaturunterricht der Oberstufe fest verankert sein. – Um die Schüler auf das Thema zu lenken, wird ihnen zu Beginn eine Abbildung der im Steidl-Verlag erschienenen Hardcover-Originalausgabe auf Folie (**Zusatzmaterial 2**, S. 126) präsentiert. Deren Umschlag unterscheidet sich in einem wesentlichen Punkt von dem der späteren Taschenbuchausgabe bei dtv: Letztere führt unter dem Titel *Im Krebsgang* in ebenso großen Lettern die Gattung an – *Eine Novelle*. Die Schüler, die sich ja bereits mit dem Buchcover beschäftigt haben, sollen von sich aus diese Veränderung bemerken und reflektieren.

- *Vergleichen Sie das Originalcover der Erstausgabe mit dem Ihrer Taschenbuchausgabe. Welche Unterschiede fallen Ihnen auf? Inwiefern kann die Information über die Gattung wichtig für das Textverständnis sein?*

Ein Schüler liest anschließend das Zitat des Ich-Erzählers auf S. 123 vor: „Er [der Auftraggeber] sagt, mein Bericht habe das Zeug zur Novelle. Eine literarische Einschätzung, die mich nicht kümmert. Ich berichte nur."

- *Handelt es sich nun doch eher um einen Bericht oder um eine Novelle? Wer hat Recht? Ist dieser Unterschied überhaupt wichtig?*

Mit diesen Fragen werden die Schüler während der Einstiegsphase konfrontiert; sie können schon jetzt erste Hypothesen formulieren. Ein Schüler erhält vom Lehrer einige Novellen (Reclam-Hefte) und liest deren Titel (z. B. *Kleider machen Leute; Der Schimmelreiter; Mozart auf der Reise nach Prag; Der Sandmann*) laut vor. So wird die Lerngruppe an Titel erinnert, die ihr vertraut sein dürften, und macht sich bewusst, dass die Novelle eine wichtige und weitverbreitete Gattung ist.

- *Welche anderen Novellentitel kennen Sie? Woher stammt der Begriff „Novelle" ursprünglich?*

Nach der Aktivierung des Vorwissens kann die Etymologie der „Novelle" bzw. ihr italienischer Ursprung bei Boccaccio an der Tafel notiert werden (siehe Tafelbild, S. 85). Um ihnen die Beantwortung der Frage, ob es sich bei Grass' Erzählung *Im Krebsgang* um eine Novelle handelt, zu erleichtern, erhalten die Schüler ein Arbeitsblatt mit Ausschnitten aus drei prominenten Texten zur Novellentheorie (**Arbeitsblatt 29**, S. 97). Es enthält die von Eckermann überlieferte Novellendefinition Goethes aus dem Jahre 1827 – in der deutschen Sprache die wohl bekannteste und prägnanteste Äußerung zur Gattung. Es folgen zwei theoretische Bestimmungen von Ludwig Tieck und Friedrich Th. Vischer, in denen die Wendepunktstruktur der Novelle und ihre intensivierende Ausschnitthaftigkeit thematisiert werden.[1]

- *Lesen Sie die Novellendefinitionen auf dem Arbeitsblatt und unterstreichen Sie die Ihrer Einschätzung nach wichtigsten Aussagen und Begriffe.*

Nach der Stillarbeit treten einzelne Schüler vor die Klasse, unterstreichen mit Folienstift jeweils eine Partie auf dem an die Wand projizierten Arbeitsblatt und erläutern die Bedeutung der ausgewählten Textstelle. Sie kommen darüber ins Gespräch, wie sie die Zitate verstehen. Während dieses Prozesses entsteht ein Tafelbild als Ergebnissicherung (s. u.). Es beinhaltet die zentralen Novellenmerkmale in den Aussagen der drei Autoren und markiert Überein-

---

[1] Entnommen sind die Texte der Anthologie von Josef Kunz (Hg.): Novelle. Darmstadt 1968, S. 34, 52f. u. 63. Eine idealtypische Definition gibt es aufgrund des historischen Wandels der Gattung nicht. Die didaktische Reduktion erfolgt nach den Gesichtspunkten der Popularität (Goethes Definition) und der Anwendbarkeit auf die *Krebsgang*-Novelle.

stimmungen mithilfe von Pfeilen. Dabei arbeiten die Schüler die in dem Zitat von Goethe steckenden vier Merkmale heraus, indem sie die einzelnen Bestandteile („Eine – sich ereignete – unerhörte – Begebenheit") paraphrasieren. Nach der Fertigstellung und Übertragung des Tafelbildes verfassen die Schüler selbst in Stillarbeit eine Kurzdefinition der Novelle (ein bis zwei Sätze) und lesen sie anschließend laut vor. Eine gelungene Schüler-Definition wird ebenfalls an die Tafel geschrieben.

Die Novelle

<u>Herkunft des Begriffs „Novelle"</u>	**Gattungsmerkmale:**		
römisches Recht = Nachtragsgesetz, ergänzende Rechtsverordnung	<u>Goethe:</u>		<u>Vischer:</u>
	„eine →	Einzahl, Konzentration ←	Ausschnitt intensiv
	sich ereignete →	Realitätsanspruch, Wahrheit	Krise Spannung
novella (it.) = kleine Neuigkeit	unerhörte →	neuartig, überraschend, seltsam, sensationell,	Schicksalswendung im Menschenleben
	Begebenheit" →	Ereignis, Schicksalsschlag, Erlebnis, Vorfall	
<u>Erste große Novellensammlung der europäischen Literatur:</u> Boccaccio: *Decamerone* (1348–1353)	<u>Tieck:</u> kleinere Erzählung →	geringer Umfang	
	„wunderbar", doch →	realistisch/glaubwürdig/	
	„alltäglich" →	repräsentativ	
	Wendepunkt →	plötzlicher Umschlag/Peripetie	(← Schicksalswendung im Menschenleben)

Gehen Sie die an der Tafel notierten Gattungsmerkmale der Novelle noch einmal durch und überprüfen Sie in Partnerarbeit anhand dieser Merkmale, ob es sich bei dem Prosatext von Grass tatsächlich um eine Novelle handelt. Notieren Sie, <u>ob</u> die Merkmale erfüllt und <u>wodurch</u> sie ggf. erfüllt sind.

Die Schüler kehren damit zur Ausgangsfrage zurück: Kann Grass' Erzähltext *Im Krebsgang* als Novelle bezeichnet werden? Die Auswertung der Partnerarbeit erfolgt unter dieser Fragestellung in Form einer Pro-Kontra-Diskussion. Dazu teilen sich die Schüler je nach Standpunkt in zwei Gruppen auf. Eine Gruppe vertritt die Pro-Argumente, die andere argumentiert dagegen. Dabei übernimmt ein Schüler die Rolle des Diskussionsleiters, der Lehrer (oder ein Schüler) protokolliert die wichtigsten Argumente auf einer Folie. Im Hinblick auf die „unerhörte Begebenheit" kann sowohl der Untergang der *Gustloff* wie der Mord an Wolfgang Stremplin vorgeschlagen werden. Es wird zu klären sein, ob die Novelle also aufgrund der Dopplung unerhörter Ereignisse gegen die Gattungsnormen verstößt oder ob beide Ereignisse als zusammenhängend betrachtet werden dürfen und der Novellencharakter im Sinne Goethes daher gewahrt bleibt. In jedem Fall bieten die novellentheoretischen Fragestellungen ein Reflexionsmedium für die Textinterpretation. Deshalb sollte für die Schlussreflexion genügend Zeit zur Verfügung stehen.

■ *Welche Bedeutung hat die Gattung für die Textinterpretation? Warum hat sich Grass nicht für die Form des Berichts entschieden?*

Paul Pokriefke will „nur" berichten, weil der Bericht in der Konzentration auf die objektiv gesicherten Fakten eine größere emotionale Distanz ermöglicht und zudem ohne Wertungen auskommt. Der fiktive Auftraggeber aber fordert die literarische Gestaltung und Bewertung ein. Grass selbst vertritt den Anspruch auf die künstlerische Form. Der bloß journalistische oder historische Bericht könnte nicht in gleicher Weise die emotionale Betroffenheit einzelner Figuren, ihre Leiden und Ängste darstellen. Die Vermischung realer und fiktionaler Elemente, die ein Bericht nicht zuließe, erlaubt es zudem, mögliche Entwicklungen aufzuzeigen und vor ihnen zu warnen. Schließlich ist die Novelle durch ihren historischen Wahrheitskern besonders geeignet, geschichtliche Ereignisse künstlerisch zu verarbeiten. Ihre Wendepunktstruktur steuert die Rezeption, insofern die Frage nach der Peripetie im Zentrum steht: Handelt es sich bei dem Wendepunkt um den Mord an Wolfgang oder um den Untergang der *Gustloff*? Beide Ereignisse bilden Höhepunkte, und sie stehen in einem kausalen Zusammenhang. Der Bericht würde die Frage nach dem Wendepunkt nicht aufwerfen und damit ein anderes Leseverhalten provozieren. Die Novelle kann das mit dem Schiffsunglück verbundene menschliche Leid durch perspektivische, sprachliche und kompositorische Darstellungsformen intensiver zum Ausdruck bringen als der nüchterne journalistische Bericht. Deshalb und weil es auf eine Kapitulation der literarischen Kunst hinausliefe, die Darstellung dieses Ereignisses dem Journalismus zu überlassen, wählt Grass die Form der Novelle, nicht ohne jedoch eben diese künstlerische Form immer wieder durch das Spiel zwischen Ich-Erzähler und Auftraggeber als eine vielleicht doch unzulängliche ins Bewusstsein des Lesers zu heben.

Ein alternativer Arbeitsauftrag könnte darin bestehen, Ereignisse wie den des Schiffsuntergangs in Bericht- und in Erzählform einander gegenüberzustellen und die Wirkungen beider Formen zu vergleichen. Denkbar ist auch, dass die Schüler Zeitungsberichte über Unglücksfälle mitbringen oder Textpassagen in der Novelle suchen, die eher berichtend sind, und ihre Wirkung beschreiben. Auf die Kontroverse zwischen dem nur berichten wollenden Ich-Erzähler Paul und dem literarisch anspruchsvolleren Auftraggeber geht die folgende Erarbeitungsphase ein.

5.3 Erzählen „im Krebsgang" – die Bedeutung der Titelmetapher

Der Ich-Erzähler Paul stellt sich gleich am Anfang die Frage, wie er seine Erzählung aufbauen soll. Er entscheidet sich gegen ein chronologisches Nacheinander, wie er es als Journalist gelernt hat, und für ein Nebeneinander der Geschichten. Er möchte der Zeit „schrägläufig in die Quere kommen [...], etwa nach Art der Krebse, die den Rückwärtsgang seitlich ausscherend vortäuschen, doch ziemlich schnell vorankommen" (S. 7f.). Dementsprechend vernetzt der Ich-Erzähler die verschiedenen biografischen Erzählstränge der Novelle, indem er „im Krebsgang" seitlich ausschert und mehrere Geschichten parallel erzählt. Einerseits zeichnet er die Biografien von David Frankfurter, Alexander Marinesko und Wilhelm Gustloff nach, die über das Schiff miteinander und mit der Geschichte von Paul und seiner Familie verbunden sind. Hierbei bewegt er sich nach einigen Rückgriffen von 1936 an langsam auf den Moment des Untergangs der *Gustloff* und seiner Geburt zu. Andererseits verknüpft er diese Handlungsstränge mit der Geschichte seiner Familie nach 1945, besonders mit der rechtsextremen Entwicklung seines Sohnes Konrad. Dabei wechselt er immer wieder zwischen den Zeitebenen der Vergangenheit und der Gegenwart. Die historische Rekonstruktion der Ereignisse um die *Gustloff* ist also nur scheinbar ein „Rückwärtsgang", da die erzählte Vergangenheit in die Erzählgegenwart führt, ja die gegenwärtigen Ereignisse überhaupt erst erklärbar macht. Insofern kann der Erzähler im vorgetäuschten „Rückwärtsgang" paradoxerweise „schnell vorankommen". Mit der erzähltechnischen Metapher „Im Krebsgang" setzt Grass einen Schwerpunkt auf die Frage, wie man sich einem so komplexen und ideologisch belasteten Thema überhaupt annähern kann. Der Novellentitel signalisiert, dass dieses Thema nicht am roten Faden einfacher kausaler Zusammenhänge, sondern nur auf Umwegen erzählbar ist. In der poetologischen Metapher vom „Krebsgang" schwingt nicht zuletzt die Krebs genannte Geschwulsterkrankung mit, die, wie das rechtsradikale Denken, oft unbemerkt wuchert, sich verbreitet und nur schwer wieder zu heilen ist.

Als Einstieg in die Stunde wird den Schülern eine Bildfolie mit Buchumschlägen früherer literarischer Werke von Grass präsentiert (**Arbeitsblatt 30**, S. 98). Es handelt sich um Werke, in deren Titel sich Grass' Vorliebe für das Animalische widerspiegelt: *Katz und Maus, Unkenrufe, Der Butt, Die Rättin.*

- *Betrachten Sie die Buchtitel und Umschlagbilder von Grass' früheren Werken. Was fällt Ihnen auf?*

Die Schüler äußern ihre Beobachtungen und stellen Vermutungen über die Gründe für die auffällige Häufung von Tiernamen in Grass' Buchtiteln an.

- *Mit der Novelle „Im Krebsgang" setzt Grass die Reihe von Buchtiteln fort, in denen Tiere eine Rolle spielen. Welche Assoziationen löst das Tier bzw. das Wort „Krebs" bei Ihnen aus? Was wissen Sie über Krebse? Welche symbolische oder metaphorische Bedeutung verbindet sich mit dem Tier?*

In einem Brainstorming äußern die Schüler ihre Assoziationen, die auf Zuruf an der Tafel gesammelt werden können. Die Krankheit, das Sternzeichen und viele andere Assoziationen werden notiert, auch emotionale Reaktionen und zoologische Informationen (Lebensraum, Scherenwerkzeuge u. a.). Die Gangart der Strandkrabbe, denn um sie (und nicht etwa um Krebse) handelt es sich eigentlich in Grass' Novelle (dies lässt sich sowohl der Grafik auf dem Buchumschlag wie den Beschreibungen entnehmen, die der Erzähler in Bezug auf die Gangart der Tiere gibt), wird von einem Schüler an der Tafel aufgezeichnet und/oder mündlich erläutert. Nun erhalten die Schüler das **Arbeitsblatt 31**, S. 99, mit einschlägigen Zitaten zur Titelmetapher.

- *Lesen Sie folgende Interview- und Novellen-Ausschnitte, in denen Günter Grass und der Ich-Erzähler über den „Krebsgang" sprechen, und versuchen Sie dann, die Bedeutung des Buchtitels mit eigenen Worten schriftlich zu erklären.*

Nach der Stillarbeit lesen sie ihre Titelerklärungen vor. Aus ihnen wird ein Tafelanschrieb entwickelt.

- *Untersuchen Sie die krebsgängige Erzähltechnik von Günter Grass beispielhaft im 4. Kapitel. Notieren Sie stichwortartig, welche Erzählstränge der Ich-Erzähler in welcher Reihenfolge miteinander verbindet. Schreiben Sie zu jedem Erzählstrang den Schauplatz und den Zeitpunkt (Jahreszahl) dazu.*

Da es sich um eine zeitaufwändige Übung handelt, kann sie auch in die Hausaufgabe verlagert werden. Denkbar ist auch eine arbeitsteilige Differenzierung (Schülergruppen konzentrieren sich auf verschiedene Novellenkapitel). Wichtig ist am Ende der Stunde eine gemeinsame Reflexion über die *Wirkung* dieser Erzählweise auf den Leser.

■ *Welche Wirkung hat das „krebsgängige" Erzählen auf die Leserinnen und Leser?*

Es ist zu erwarten, dass die Schüler Grass' Erzählweise zunächst als umständlich und leserfeindlich ablehnen. Sie kritisieren, dass ihnen ein emotionales „Eintauchen" in die Geschichte verwehrt bleibt und es „anstrengend" ist, die Handlungsstränge zu einem Gesamtbild zu verknüpfen. Hier ist auf Grass' künstlerische Absicht zu verweisen, die Darstellbarkeit eines so unsagbaren Ereignisses wie der Schiffskatastrophe zu problematisieren. Angesichts der emotionalen und politisch-ideologischen Komplexität des Stoffes verwirft Grass ganz bewusst ein traditionelles oder geradliniges Erzählen. Je nach Jahrgangsstufe kann den Schülern vermittelt werden, dass erzählerische Selbstreflexion bzw. Metanarration ein Kennzeichen der modernen Literatur ist, welche dem Leser eine aktivere, anspruchsvollere Rolle zuweist. Und schließlich kann erwähnt werden, dass eine objektive „Wahrheit" über das Schiffsunglück nicht existiert, es vielmehr nur ganz verschiedene perspektivische „Konstruktionen" des Unglücks gibt, je nachdem, welche Personen mit welchen Interessen sich ihr erinnernd oder recherchierend annähern. So bleibt es am Ende den Lesern überlassen, sich aus den Erinnerungsbildern der Figuren, den Medieninformationen (Spielfilm, Internet, Bücher) und den historischen Dokumenten, die der Text gegenüberstellt, ein eigenes Bild zusammenzufügen. – Die Wirkung der Erzählweise auf den Leser wird ebenfalls an der Tafel festgehalten:

Zur Deutung der Titelmetapher „Im Krebsgang"

- Erzähler „schert seitwärts aus" und erzählt mehrere Geschichten parallel; geht scheinbar rückwärts, kommt dabei aber schnell voran.
- Statt chronologischer Linearität (Nacheinander) gibt es ein Nebeneinander der Geschichten.
- ständiger Wechsel zwischen Vergangenheit und Gegenwart
- Rückblenden in die Vergangenheit führen in die Gegenwart.
- Erzählen über Umwege/Annäherung an die Katastrophe erfolgt aus verschiedenen Richtungen.
- Es gibt keine „Wahrheit" und daher keine dominante Erzählperspektive, sondern nur verschiedene, gleichberechtigte Perspektiven und Erinnerungen.
- Im „krebsgängigen" Erzählen zieht der Erzähler thematische Querverbindungen, das ermöglicht Spiegelungen oder Kontraste.

Folge/Wirkung:
- Verwirrung und Aktivierung des Lesers, der Leser kann sich nicht „identifizieren"
- Keine einfache kausale Verkettung der Ereignisse (die Wahrheit ist zu komplex, um sie an einem roten Faden erzählen zu können)

5.4 Der Ich-Erzähler und sein Auftraggeber

Zu den erzähltechnischen Besonderheiten der Novelle gehören auch die am Anfang jedes Kapitels wiederkehrenden Dialoge zwischen dem Ich-Erzähler und einem namenlos bleibenden Auftraggeber, der nur als „jemand" oder „der Alte" bezeichnet wird und Paul als „Ghostwriter" über die *Gustloff* schreiben lässt. Dieser Auftraggeber ist selbst Schriftsteller, kennt Tulla aus früheren Zeiten und ist wie sie 1927 in Danzig geboren. Spätestens hier wird deutlich, dass sich in der Figur des Auftraggebers der reale Autor Günter Grass spiegelt. Er führt sein *alter ego* aus mehreren Gründen in die Novelle ein, vor allem aber, um das Versäumnis seiner Schriftstellergeneration gegenüber dem Flüchtlingselend der Deutschen zu

thematisieren: „Das nagt an dem Alten. Eigentlich, sagt er, wäre es Aufgabe seiner Generation gewesen, dem Elend der ostpreußischen Flüchtlinge Ausdruck zu geben. [...] Niemals, sagt er, hätte man über so viel Leid, nur weil die eigene Schuld übermächtig sei und bekennende Reue in all den Jahren vordringlich gewesen sei, schweigen [...] dürfen." (99) Zwar wird diese Selbstbezichtigung durch die tatsächliche Autorschaft von Grass widerlegt, doch bleibt die Verspätung (vgl. das Incipit: „Warum erst jetzt?") in seinen Augen ein schweres Versäumnis. Ihre Folgen – die rechtspopulistische Instrumentalisierung von Flucht und Vertreibung – führt die Novelle eindrucksvoll vor Augen.
Zu Beginn der Stunde kehren die Schüler an den ihnen bekannten Erzählanfang der Novelle (S. 7) zurück und hören (Autorenlesung auf CD) oder lesen die sieben ersten Textzeilen (bis einschließlich: „[...] nagelt mich auf meinen Beruf fest").

- *Wer ist dieser „Jemand", von dem im ersten Satz der Novelle die Rede ist? Was wissen Sie über ihn und über seine Absichten?*

Die Schüler tragen Informationen zusammen, die ihnen aus der Lektüre erinnerlich sind. Sie stellen Vermutungen über die Gründe an, weshalb Grass die Figur eines Auftraggebers an die Seite des Ich-Erzählers stellt. Daraufhin lesen sie den Anfang des 4. Kapitels (S. 77f. bis einschließlich: „während das Schiff sank") und fassen die Aussagen über den Auftraggeber mündlich zusammen. Hier sollte die Lehrkraft einfließen lassen, dass der vom Auftraggeber erwähnte Roman *Hundejahre* von Günter Grass stammt und dass Tulla Pokriefke als Romanfigur in seinen früheren Werken vorkommt. Die Schüler erhalten das **Arbeitsblatt 32** (S. 100) mit folgendem Auftrag:

- *Günter Grass gibt sich in der Figur des Auftraggebers zu erkennen. Warum erzählt dieser nicht selbst die Geschichte der „Wilhelm Gustloff" und engagiert stattdessen Paul Pokriefke? Lesen Sie, um diese Frage zu klären, die Zitate aus Kapitel 2, 4 und 5 und markieren Sie alle Textstellen, die eine Antwort enthalten.*

Nach der mündlichen Auswertung dehnen die Schüler ihre Untersuchung im zweiten Arbeitsschritt auf die anderen Textzitate aus und gehen dem Konflikt zwischen Auftraggeber und Ich-Erzähler nach (siehe Aufgabenstellung auf dem Arbeitsblatt).
Die Ergebnisse beider Arbeitsphasen werden in einem Tafelbild gesichert, das wie folgt aussehen könnte:

„Im Krebsgang": Autor – Auftraggeber – Erzähler

	Der Autor: Günter Grass	} *reale Ebene*	
Der „Alte"	engagiert als Auftraggeber	den Ich-Erzähler Paul	fiktionale Ebene
↓ alter ego von G. Grass (Jg. 1927) vertritt die Kriegsgeneration	↓ Gründe: eigenes Versagen bzw. Versäumnis bei der Aufarbeitung des deutschen Flüchtlingsleids; „müde-" und „leergeschrieben"	↓ „Ghostwriter" (Jg. 1945), vertritt die 2. Generation	
	Konflikt:		
literarische Ansprüche, z. B. Novelle, epische Ausgestaltung, persönliche Erinnerungen, aber: Angst vor den Gedanken Konrads (da Folge eigener Versäumnisse!)	←→	will nur sachlich berichten, lehnt Bilder für Unbeschreibliches ab	

Erläuterung: Der Fehler der Kriegsgeneration, das Schiffsunglück totzuschweigen, die *Gustloff* in der Erinnerung also ein zweites Mal untergehen zu lassen, hat zur Folge, dass nun ein Jüngerer darüber schreiben muss. Damit einher geht ein Verzicht auf künstlerische Sorgfalt. Der episch-literarische Gestaltungswille, den viele Kritiker in Grass' Novelle vermissen, tritt in der zweiten Generation hinter die medial gestützte Faktendarstellung im Berichtstil zurück. Zudem hat das Schweigen der älteren Generation zur Folge, dass das Verdrängte umso vehementer und mit gefährlichen Auswirkungen in der jüngsten Generation – hier in Konrad – wieder aufbricht. Weil der Auftraggeber dies weiß und sich davor fürchtet, verbietet er Paul, der sich immer mehr vom Auftraggeber emanzipiert und ein eigenes Interesse an der psychologischen Aufklärung gewonnen hat, über Konrads Gedanken zu schreiben. Und der all diese Figuren kreierende Autor Grass, der ihre Konflikte kunstvoll inszeniert, schafft damit ein Bewusstsein für schriftstellerische Versäumnisse, Verantwortungen und Möglichkeiten, mit einem tabuisierten Stoff literarisch umzugehen.

Eine vertiefende Ergebnissicherung kann darin bestehen, die Schüler zu Hause eine Charakterisierung des Auftraggebers verfassen zu lassen.

5.4 Filmanalyse: *Nacht fiel über Gotenhafen*

Der unter der Regie von Frank Wisbar gedrehte Spielfilm *Nacht fiel über Gotenhafen* aus dem Jahre 1959 war in der deutschen Nachkriegsgeschichte bis zu Grass' Novelle die einzige öffentliche Darstellung des Untergangs der *Gustloff*, die ein breiteres Publikum erreicht hat (**Zusatzmaterial 9**, S. 134). Obwohl mit Stars des zeitgenössischen Kinos wie Sonja Ziemann und Brigitte Horney besetzt, war er jedoch nur mäßig erfolgreich. Auch vom Erzähler der Novelle wird er erwähnt – als Beispiel für eine misslungene Darstellung der Ereignisse: „Wie bei allen Titanic-Filmen mußte auch beim verfilmten *Gustloff*-Untergang eine verquälte [...] Liebesgeschichte als Zusatzstoff und Füllmasse herhalten, als wäre das Sinken eines überbelegten Schiffes nicht spannend, der tausendfache Tod nicht tragisch genug" (113). Die Vorführung des Filmes ist jedoch aus zwei Gründen im Rahmen dieser Unterrichtsreihe sinnvoll: Zum einen werden die Schüler emotional angesprochen und motiviert, sich mit dem historischen Thema weiter zu beschäftigen, zum anderen können sie durch einen Vergleich zwischen der filmischen und literarischen Bearbeitung des Themas die künstlerische und gedankliche Leistung der Grass-Novelle, aber auch deren politische Reflexion besser würdigen. – Aus Zeitgründen ist der Film außerhalb des Unterrichts zu zeigen, es sei denn, man beschränkt sich auf die Szenen der Torpedierung und des folgenden Schiffsuntergangs, die der Ich-Erzähler Paul Pokriefke als inadäquat verwirft: „Doch die über viertausend Säuglinge, Kinder und Jugendlichen, für die es kein Überleben gab, waren, allein aus Kostengründen, nicht zu verfilmen, blieben und bleiben abstrakte Zahl, wie all die anderen in die Tausende, Hunderttausende, Millionen gehenden Zahlen, die damals wie heute nur grob zu schätzen waren und sind." (136)
Mögliche Arbeitsschritte für den Einsatz des Films[1] in der Unterrichtsreihe sind:

Betrachten Sie das Filmplakat (Zusatzmaterial 10) aus dem Jahre 1959. Welche Erwartungen hätten Sie als Kinobesucher an diesen Film?

[1] Der Film ist in vielen Landesmedienzentren ausleihbar oder über kommerzielle Anbieter auf VHS käuflich zu erwerben.

- *Über welche Ausdrucksmöglichkeiten verfügt ein Film im Vergleich zum Buch? Inwiefern ist er eher oder weniger in der Lage, das Ausmaß der Schiffskatastrophe zu vermitteln?*
- *Lesen Sie S. 136 ab „Was aber im Schiffsinnern geschah, ist mit Worten nicht zu fassen" und markieren Sie im Text, was Paul an den literarischen und filmischen Darstellungen der Schiffskatastrophe kritisiert. Nehmen Sie zu dieser Kritik persönlich Stellung.*
- *Vergleichen Sie die filmische Darstellung des Torpedobeschusses und Schiffsuntergangs mit der Darstellung im 6. Kapitel der Novelle „Im Krebsgang". Welche Unterschiede fallen Ihnen auf? Welche der beiden Darstellungen spricht Sie eher an? Begründen Sie.*
- *Inwiefern ließe sich die von Grass entwickelte Erzählweise „im Krebsgang" auf den Film übertragen? Entwerfen Sie eine Sequenz für ein Drehbuch.*

Notizen

Zwei Begrüßungsreden

Ich will jetzt gar nicht lange rumlabern
über die *Gustloff*. Ihr habt ja schon geschnallt,
dass auf dem Pott ewig viele Leute abgesoffen sind.
Was im Krieg abgeht, ist eben voll krass und …
Grass erzählt da echt 'ne total üble Story!

Liebe Schülerinnen und Schüler,
um zu rekapitulieren, darf ich Ihnen kurz in
Erinnerung rufen, dass Grass in seiner
Novelle von den traumatischen Ereignissen
der *Gustloff*-Katastrophe erzählt, von den
Konsequenzen der nationalsozialistischen
Ideologie und von der durch Tabus
belasteten Erinnerungsarbeit, kurz:
von Tod, Trauer und Tabu.

Das sprachliche Profil der Hauptfiguren (Paul)

Gruppe 1 a/b

„Bereits als die Dinger auf den Markt kamen, habe ich mir einen Mac mit Modem angeschafft. Mein Beruf verlangt diesen Abruf weltweit vagabundierender Informationen. Lernte leidlich, mit meinem Computer umzugehen. Bald waren mir Wörter wie Browser und Hyperlink nicht mehr böhmisch. Holte Infos für den Gebrauch oder zum Wegschmeißen per Mausklick rein, begann aus Laune oder Langeweile von einem Chatroom zum anderen zu hüpfen und auf die blödeste Junk-Mail zu reagieren, war auch kurz auf zwei, drei Pornosites und stieß nach ziellosem Surfen schließlich auf Homepages, in denen sogenannte Vorgestrige, aber auch frischgebackene Jungnazis ihren Stumpfsinn auf Haßseiten abließen. Und plötzlich – mit einem Schiffsnamen als Suchwort – hatte ich die richtige Adresse angeklickt: ‚www.blutzeuge.de'. In gotischen Lettern klopfte eine ‚Kameradschaft Schwerin' markige Sprüche. Lauter nachträgliches Zeug. Mehr zum Lachen als zum Kotzen." (S. 8)

Figur:______________________________

Sprachliches Merkmal	Beleg/Beispiel	Funktion: Was sagt das sprachliche Merkmal über die Figur aus?

Das sprachliche Profil der Hauptfiguren (Konrad)

Gruppe 2 a/b

„Das klassenlos fahrende Motorschiff *Wilhelm Gustloff* war und bleibt der lebendige Ausdruck des nationalen Sozialismus, beispielhaft bis heute und wahrhaft nachwirkend bis in alle Zukunft. [...] Ich stehe zu meiner Tat. Doch bitte ich das Hohe Gericht, die von mir vollzogene Hinrichtung als etwas zu bewerten, das nur in größerem Zusammenhang zu begreifen ist. Ich weiß: Wolfgang Stremplin stand kurz vor dem Abitur. Leider konnte ich darauf keine Rücksicht nehmen. Es ging und geht um Größeres. Die Landeshauptstadt Schwerin muß endlich ihren großen Sohn namentlich ehren. Ich rufe dazu auf, am Südufer des Sees, dort, wo ich auf meine Weise des Blutzeugen gedacht habe, ein Mahnmal zu errichten, das uns und kommenden Generationen jenen Wilhelm Gustloff in Erinnerung ruft, der vom Juden gemeuchelt wurde. Wie vor einigen Jahren endlich in St. Petersburg [...] Alexander Marinesko mit einem Denkmal geehrt worden ist, so gilt es, einen Mann zu würdigen, der am 4. Februar 1936 sein Leben gab, auf daß Deutschland endlich vom Judenjoch befreit werden konnte." (S. 190–192)

Figur: ______________________________

Sprachliches Merkmal	**Beleg/Beispiel**	**Funktion: Was sagt das sprachliche Merkmal über die Figur aus?**

Das sprachliche Profil der Hauptfiguren (Tulla)

Gruppe 3 a/b

„Das Schiff hätt auf sonst wen jetauft sein kennen ond wär trotzdem abjesoffen. Mecht mal bloß wissen, was sich dieser Russki jedacht hat, als er Befehl jab, die drei Dinger direktemang auf ons loszuschicken ..." So mault sie immer noch, als wäre seitdem nicht ein Haufen Zeit bachrunter gegangen. Wörter breitgetreten, Sätze in der Wäschemangel gewalkt. Sie sagt Bulwen zu Kartoffeln, Glumse zu Quark und Pomuchel, wenn sie Dorsch in Mostrichsud kocht. [...] Schon in Schwerin [...] hat sie mich gelöchert: „Wie aisig die See jewesen is und wie die Kinder alle koppunter. Das mußte aufschraiben. Biste ons schuldig als glicklich Ieberlebender. Werd ech dir aines Tages erzählen, klitzeklain, ond denn schreibste auf ..." (S. 11f./31)

Figur: ____________________

Sprachliches Merkmal	Beleg/Beispiel	Funktion: Was sagt das sprachliche Merkmal über die Figur aus?

Auftrag für die Gruppenarbeit

1. Lesen Sie Ihren Text (Nr. 1) aufmerksam und achten Sie auf sprachliche Merkmale (unterstreichen Sie mit verschiedenen Farben).

2. Notieren Sie in der linken Spalte der Tabelle die sprachlichen Merkmale (Syntax, Wortwahl, rhetorische Figuren etc.).

3. Führen Sie in der mittleren Spalte Belege an.

4. Notieren Sie in der rechten Spalte die Aussagefunktion dieser Mittel – wie charakterisieren sie die Figur?

5. Treffen Sie sich mit Ihrer Parallelgruppe, um die Ergebnisse zu vergleichen und zu ergänzen.

6. Notieren Sie auf den farbigen Karten mit Filzstift zwei bis drei sprachliche Hauptmerkmale und ihre jeweilige Funktion (Merkmal auf gelbe Karte; Funktion auf blaue Karte).

7. Präsentation: Legen Sie fest, wer (1.) in Ihrer Gruppe das Zitat vorträgt, wer (2.) die Merkmalkarten aufhängt und mit Beispielen erläutert, wer (3.) die Funktionskarten aufhängt und erläutert.

Novellendefinitionen

Johann Wolfgang von Goethe: **Gespräch mit Eckermann (1827)**

Es kam sodann zur Sprache, welchen Titel man der Novelle geben solle; wir taten manche Vorschläge, […] doch fand sich keiner, der für das Ganze passend und also der rechte gewesen wäre. „Wissen Sie was", sagte Goethe, „wir wollen es die Novelle nennen; denn was ist eine Novelle anders als eine sich ereignete unerhörte Begebenheit. Dies ist der eigentliche Begriff, und so vieles, was in Deutschland unter dem Titel Novelle geht, ist gar keine Novelle, sondern bloß Erzählung oder was Sie sonst wollen."

Ludwig Tieck: **Bestimmung der Novelle (1829)**

„Wir brauchen jetzt das Wort Novelle für alle, besonders kleineren Erzählungen […]. Eine Begebenheit sollte anders vorgetragen werden als eine Erzählung; diese sich von Geschichte unterscheiden, und die Novelle […] sich dadurch […] hervorheben, dass sie einen großen oder kleinern Vorfall ins hellste Licht stelle, der, so leicht er sich ereignen kann, doch wunderbar, vielleicht einzig ist. Diese Wendung der Geschichte, dieser Punkt, von welchem aus sie sich unerwartet völlig umkehrt und doch natürlich, dem Charakter und den Umständen angemessen, die Folge entwickelt, wird sich der Phantasie des Lesers umso fester einprägen, als die Sache, selbst im Wunderbaren, unter anderen Umständen wieder alltäglich sein könnte. […] Die Gattung, welche sich dies vornimmt, ist die Novelle, und hieraus lässt sich einsehen, dass sie, um echt zu sein, von der einen Seite durch seltsame Einzigkeit auffallen, von der anderen Seite eine gewisse allgemeine Gültigkeit haben muss […] Bizarr, eigensinnig, phantastisch, […] alle diese Charaktere lässt die echte Novelle zu, nur wird sie immer jenen sonderbaren auffallenden Wendepunkt haben, der sie von allen andern Gattungen der Erzählung unterscheidet."

Friedrich Theodor Vischer: **Die Novelle (1857)**

„Die Novelle verhält sich zum Romane wie ein Strahl zu einer Lichtmasse. Sie gibt nicht das umfassende Bild der Weltzustände, aber einen Ausschnitt daraus, der mit intensiver, momentaner Stärke auf das größere Ganze als Perspektive hinausweist, nicht die vollständige Entwicklung einer Persönlichkeit, aber ein Stück aus einem Menschenleben, das eine Spannung, eine Krise hat und uns durch eine Gemüts- und Schicksalswendung mit scharfem Accente zeigt, was Menschenleben überhaupt ist."

Zitiert nach: Josef Kunz (Hg.): Novelle. Darmstadt 1968, S. 34, 52f., 63.

■ *Lesen Sie die Novellendefinitionen und unterstreichen Sie die Ihrer Einschätzung nach wichtigen Aussagen und Begriffe.*

Buchcover zu Werken von Günter Grass

dtv

Günter Grass
Katz und Maus
Eine Novelle

dtv

Günter Grass
Der Butt
Roman

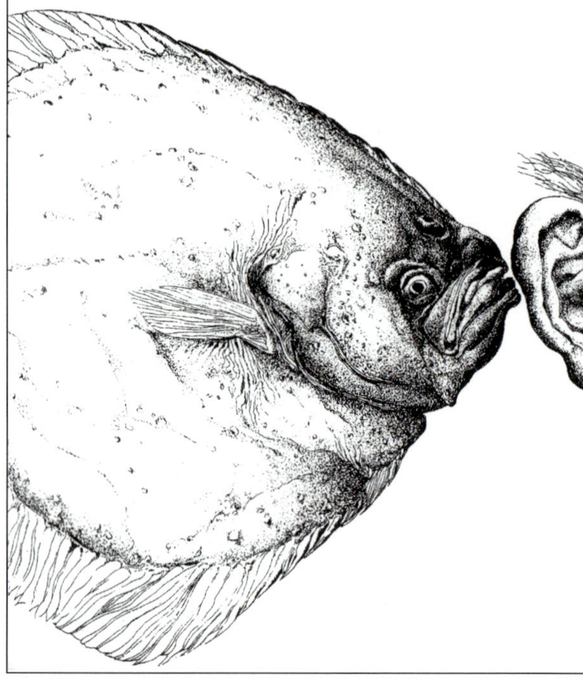

dtv

Günter Grass
Die Rättin

dtv

Günter Grass
Unkenrufe

Was bedeutet der Novellentitel *Im Krebsgang*?

„Aber noch weiß ich nicht, ob, wie gelernt, erst das eine, dann das andere und danach dieser oder jener Lebenslauf abgespult werden soll oder ob ich der Zeit eher schrägläufig in die Quere kommen muß, etwa nach Art der Krebse, die den Rückwärtsgang seitlich ausscherend vortäuschen, doch ziemlich schnell vorankommen." (S. 8f.)

„Ich lasse das Schiff jetzt liegen, wo es, von Luftangriffen abgesehen, einigermaßen sicher lag, und komme im Krebsgang auf mein privates Unglück zurück." (S. 88)

„Der Titel ‚Im Krebsgang' bezieht sich auf die Erzählweise, weil ich mehrere Erzählstränge habe, die immer wieder alternieren, und so erinnert mich die Erzählweise sehr stark an die Art und Weise, wie sich Krebse vorwärtsbewegen, obgleich es so aussieht, als weichen sie seitlich aus oder gehen gar rückwärts."
(G. Grass im Gespräch mit Kai Schlüter am 26.1.2002 in Radio Bremen)

„Dennoch beschlich mich mehr und mehr der Verdacht, daß sich hinter der Deckadresse ‚www.blutzeuge.de' keine glatzköpfige Mehrzahl als Kameradschaft Schwerin zusammengerottet hatte, sondern ein Schlaukopf als Einzelgänger verborgen blieb. Jemand, der wie ich querläufig nach Duftmarken und ähnlichen Absonderungen in der Geschichte schnüffelte." (S. 18)

„Alles, was ich von mir weg krebsend tue, ziemlich nahe der Wahrheit beichte oder wie unter Zwang preisgebe, geschieht nach seiner Wertung ‚nachträglich und aus schlechtem Gewissen'." (S. 176)

„Außerdem wollte ich den Hintergrund nicht auf den Namensgeber Wilhelm Gustloff beschränken, sondern die Biografie seines Attentäters David Frankfurter ebenso wie die des russischen U-Boot-Kommandanten Alexander Marinesko, der die *Gustloff* versenkt hat, miterzählen. Diese verschiedenen Lebensläufe, die parallel zueinander gesetzt sind, provozieren eine Erzählweise, die ich dann im Titel als ‚Im Krebsgang' charakterisiert habe: ein scheinbares Zurückgreifen, aber doch ein langsames und schräg versetztes Vorankommen."
(G. Grass im Interview. In: Die Woche vom 8.2.2002)

„Doch so weit war es noch nicht. Wieder einmal muß ich rückwärts krebsen, um voranzukommen [...]." (S. 107)

■ *Stellen Sie sich vor, ein Freund bittet Sie, ihm den merkwürdigen Titel „Im Krebsgang" zu erklären. Schreiben Sie, nachdem Sie die Zitate gelesen haben, Ihre Erklärung in eigenen Worten auf und berücksichtigen Sie dabei die Absichten des Autors Günter Grass.*

Der Ich-Erzähler und sein Auftraggeber

1. *Markieren Sie die Argumente, mit denen der Auftraggeber zu rechtfertigen versucht, dass er die Geschichte der „Gustloff" nicht selbst erzählt.*
2. *Welcher Konflikt zwischen Auftraggeber und Ich-Erzähler ist erkennbar? Erläutern Sie diesen Konflikt und beschreiben Sie die Positionen beider Figuren.*

Er verlangt deutliche Erinnerungen. Er will wissen, wie ich Mutter als Kind etwa ab meinem dritten Lebensjahr gesehen, gerochen, betastet habe. Er sagt: „Die ersten Eindrücke sind für das weitere Leben bestimmend." Ich sage: „Da gibt's nichts zu erinnern." (Kap. 3, S. 34f.)

Das nagt an dem Alten. Eigentlich, sagt er, wäre es Aufgabe seiner Generation gewesen, dem Elend der ostpreußischen Flüchtlinge Ausdruck zu geben. [...] Niemals, sagt er, hätte man über so viel Leid, nur weil die eigene Schuld übermächtig sei und bekennende Reue in all den Jahren vordringlich gewesen sei, schweigen, das gemiedene Thema den Rechtsgestrickten überlassen dürfen. Dieses Versäumnis sei bodenlos.
Doch nun glaubt der alte Mann, der sich müdegeschrieben hat, in mir jemanden gefunden zu haben, der an seiner Stelle [...] gefordert sei, über den Einmarsch der sowjetischen Armee ins Reich [...] und die Folgen zu berichten. (Kap. 5, S. 99)

Was aber im Schiffsinnern geschah, ist mit Worten nicht zu fassen. Mutters für alles Unbeschreibliche stehender Satz „Da hab ech kaine Töne fier ..." sagt, was ich undeutlich meine. Also versuche ich nicht, mir Schreckliches vorzustellen und das Grauenvolle in ausgepinselte Bilder zu zwingen, sosehr mich jetzt mein Arbeitgeber drängt, Einzelschicksale zu reihen, mit episch ausladender Gelassenheit und angestrengtem Einfühlungsvermögen den großen Bogen zu schlagen und so, mit Horrorwörtern, dem Ausmaß der Katastrophe gerecht zu werden. (Kap. 6, S. 136)

Er sagt, mein Bericht habe das Zeug zur Novelle. Eine literarische Einschätzung, die mich nicht kümmern kann. Ich berichte nur [...]. (Kap. 6, S. 123)

Strikt hat er mir untersagt, mit Konnys Gedanken zu spekulieren, das, was er denken mochte, als Gedankenspiel in Szene zu setzen, womöglich aufzuschreiben, was im Kopfe meines Sohnes zu Wort kommen und zitierbar werden könnte.
(Kap. 9, S. 199)

Als ich noch ein [...] Bummelstudent war, habe ich an der TU Professor Höllerer gehört. [...] Ich gefiel mir zwischen jungen Literaten und noch jüngeren Buchhändlerinnen im Waitzkeller, wo Unfertiges vorgelesen und zerredet wurde. [...] Ein gutes Dutzend Hoffnungsträger, Talente waren darunter. Bei mir soll es nicht gelangt haben, versicherte einer der Dozenten. [...] Bei mir reiche es allenfalls zum Kolportageroman. Nun aber hat er mich doch aus der Versenkung geholt: das Herkommen meiner verkorksten Existenz sei ein einmaliges Ereignis, exemplarisch und daher erzählenswert.
Einige Talente von damals sind bereits tot. Zwei, drei haben sich einen Namen gemacht. Mein einstiger Dozent scheint sich hingegen leergeschrieben zu haben, sonst hätte er mich nicht als Ghostwriter in Dienst gestellt. (Kap. 2, S. 30)

Bei einem der von ihm eingefädelten Treffen, die er Arbeitsgespräche nennt, bekam ich zu hören: Eigentlich müsse jeder Handlungsstrang, der mit der Stadt Danzig und deren Umgebung verknüpft [...] sei, seine Sache sein. Er und kein anderer hätte deshalb von allem, was das Schiff angehe, [...] berichten [...] müssen. Gleich nach Erscheinen des Wälzers „Hundejahre" sei ihm diese Stoffmasse auferlegt worden. Er – wer sonst? – hätte sie abtragen müssen, Schicht für Schicht. Denn an Hinweisen auf das Schicksal der Pokriefkes, Tulla voran, habe es nicht gefehlt. [...]
Leider, sagte er, sei ihm dergleichen nicht von der Hand gegangen. Sein Versäumnis, bedauerlich, mehr noch: sein Versagen. Doch wolle er sich nicht rausreden, nur zugeben, daß er gegen Mitte der sechziger Jahre die Vergangenheit sattgehabt, ihn die gefräßige, immerfort jetztjetztjetzt sagende Gegenwart gehindert habe, rechtzeitig auf etwa zweihundert Blatt Papier ... Nun sei es zu spät für ihn. Ersatzweise habe er mich zwar nicht erfunden, aber nach langer Sucherei auf den Listen der Überlebenden wie eine Fundsache entdeckt. Als Person von eher dürftigem Profil, sei ich dennoch prädestiniert: geboren, während das Schiff sank.
(Kap. 4, S. 77f.)

Baustein 6

Die Novelle in der Kritik

Nicht allein der Prominenz ihres Autors, auch ihrem brisanten Thema ist es zu verdanken, dass die Novelle *Im Krebsgang* ein sehr starkes Echo in den deutschen Medien auslöste. Schon vor der Auslieferung des Buches erschienen zahlreiche Artikel, Radiofeatures oder TV-Besprechungen (z. B. in den ARD-*Tagesthemen*), und über Wochen ließen dann alle großen Zeitungen ausführliche Rezensionen folgen. Anders als die überwiegend vernichtende Kritik an Grass' vorausgehendem Werk *Ein weites Feld* kann die Kritik am *Krebsgang* als ausgewogen bezeichnet werden.[1] Bemängelt wurde in formaler Hinsicht immer wieder die stilistische Qualität des Buches, und inhaltlich warf man ihm vor, dass es die Leiderfahrung der Flüchtlingsgeneration nicht wiedergebe, also gleichsam „am Elend vorbeigeschrieben" sei.[2] Auf der anderen Seite gab es Kritikerstimmen, die das Buch wegen des überfälligen „Tabubruchs", seiner anspruchsvollen Erzähltechnik und nicht zuletzt wegen seines Gegenwartsbezugs lobten, dafür also, dass die *Gustloff*-Katastrophe hier in einem Zusammenhang mit dem aktuellen Rechtsradikalismus erscheint.
Mit einer Betrachtung der öffentlichen Kontroverse um die Novelle lässt sich die Unterrichtseinheit gut abrunden, geht es am Ende doch immer auch um die persönliche Bewertung der Lektüre. Die Schüler sollen sich zunächst mit der Funktion der Literaturkritik und der Textsorte „Rezension" auseinandersetzen. Sie können dann eine eigene Buchbesprechung schreiben, bevor sie in Arbeitsgruppen konträre Original-Rezensionen aus der Presse in ihrer Argumentationsstruktur untersuchen. Am Ende bietet sich eine Podiumsdiskussion oder eine Talkshow nach dem Muster des „Literarischen Quartetts" zur argumentativen Vertiefung an.

6.1 Funktionen der Literaturkritik

Als Einstieg dient ein *Spiegel*-Titelbild von Marcel Reich-Ranicki, das den populären Großkritiker beim „Zerreißen" des Grass-Romans *Ein weites Feld* zeigt (**Zusatzmaterial 10**, S. 135).

- *Welche Rolle spielt Marcel Reich-Ranicki in der deutschen Öffentlichkeit? Was soll die Fotomontage verdeutlichen?*

Nach der Einführung des Begriffs „Verriss" können nun die Formen und Funktionen der Literaturkritik erarbeitet werden:

- *Welche Funktionen hat die Literaturkritik in den Medien? Welche Formen der Literaturkritik kennen Sie?*

---

1 Einen Überblick über das Presseecho im In- und Ausland gibt Herman Beyersdorf: Günter Grass' *Im Krebsgang* und die Vertreibungsdebatte im Spiegel der Presse. In: Wende des Erinnerns? Geschichtskonstruktionen in der deutschen Literatur nach 1989. Hg. v. B. Beßlich, K. Grätz u. O. Hildebrand. Berlin 2006, S. 157–167

2 So der Titel des Aufsatzes von Helmuth Kiesel: Am Elend vorbeigeschrieben. Zur Debatte um die Novelle *Im Krebsgang* von Günter Grass. In: Die politische Meinung 390 (2002), S. 85–91

Der Tafelanschrieb könnte wie folgt strukturiert sein:

Literaturkritik

Definition:	Öffentliche Auseinandersetzung mit neu erschienener, überwiegend zeitgenössischer Literatur
Funktionen:	Vermittlungs- und Orientierungsfunktion (Schriftsteller/Kunstwerk ⇔ literarische Öffentlichkeit) Kritikfunktion/Wertungsfunktion Unterhaltungsfunktion
Formen der Literaturkritik:	Diskussionsrunde, Interview, Rezension, Porträt, Polemik, Essay u. a.

Rezension (lat. = Buchbesprechung)

1. populärwissenschaftliche, journalistische Rezension (in großen Tages- und Wochenzeitungen oder Nachrichtenmagazinen)
2. Rezensionen in (wissenschaftlichen) Fachzeitschriften

Die Merkmale der Textsorte „Rezension“ können von den Schülern induktiv anhand aktueller Buchbesprechungen aus der Tagespresse erarbeitet werden, indem sie aus verschiedenen Tageszeitungen, die in den Unterricht mitzubringen sind, Rezensionen heraussuchen und ihre Merkmale benennen. Dieser Arbeitsschritt ist jedoch zeitaufwändig und setzt ein hohes Abstraktionsvermögen voraus. Alternativ kann im Lehrer-Schüler-Gespräch geklärt werden, welche inhaltlichen und formalen Merkmale eine Rezension aufweisen muss, um die schon angesprochenen Funktionen (Vermittlung, Orientierung, Wertung, Unterhaltung) erfüllen zu können. Die Lehrkraft kann ggf. fehlende Punkte ergänzen. Dabei sollten die Ergebnisse von vornherein nach inhaltlichen (das „Was“?) und formalen Gesichtspunkten (das „Wie“?) unterschieden werden.

- *Was genau erwarten Sie von einer Buchbesprechung in der Zeitung?*

Merkmale der Rezension

Eine Rezension soll ...

I. Inhalt (Das „Was“)

1. mit dem Inhalt eines Werkes bekannt machen (keine ausführliche Inhaltsangabe!)
2. die Neuerscheinung in das Werk des Autors einordnen und/oder mit anderen (thematisch verwandten) Werken vergleichen
3. die Einstellung des Autors zum Thema/Stoff untersuchen
4. die literarische Qualität (Erzählweise, Sprache, Gattung, Komposition) beleuchten
5. einen Interpretationsansatz leisten
6. eine begründete Gesamtbewertung abgeben (Empfehlung/Ablehnung)

II. Form (Das „Wie“)

1. durch einen „sprechenden“ Titel das Interesse wecken
2. einen originellen/interessanten Aufhänger/Einstieg wählen
3. durch sprachliche/stilistische Qualität gut lesbar und unterhaltend sein

Mithilfe des erarbeiteten Kriterienkatalogs sollen die Schüler nun selbst eine Rezension verfassen und darin eine begründete Gesamtbewertung abgeben.

- *Wie hat Ihnen die Novelle von Günter Grass gefallen? Schreiben Sie eine Rezension für eine große Tageszeitung, indem Sie sich an den genannten Merkmalen der Buchbesprechung orientieren und zu einer begründeten Gesamtwertung kommen.*

6.2 Analyse von Original-Rezensionen

Einzelne Schüler präsentieren ihre eigenen Buchbesprechungen. Dabei erhält eine Hälfte der Klasse den Auftrag, positive Wertungen und deren Begründungen zu notieren, die andere Hälfte notiert entsprechend die Negativ-Urteile. Im anschließenden Gespräch können fehlende Begründungen oder Aspekte ergänzt werden; einseitiger Kritik lässt sich dadurch begegnen, dass nach einem „Verriss" eine überwiegend positive Besprechung (oder umgekehrt) vorgetragen wird.
Die Schüler lesen nun in Arbeitsgruppen zu viert jeweils eine Original-Rezension aus der Presse (**Arbeitsblätter 33–35**, S. 105ff.) und analysieren sie nach bestimmten Gesichtspunkten. Sie halten die Ergebnisse auf Arbeitsblättern (vgl. **Arbeitsblätter 36–37**, S. 111ff.) fest. In jeder Gruppe gibt es ein Arbeitsblatt für die formale und eines für die inhaltliche Analyse der Rezension.

- *Bilden Sie Gruppen mit jeweils vier Mitgliedern. Lesen Sie die „Krebsgang"-Rezension aus der Presse und prüfen Sie dann gemeinsam die Argumente des Kritikers/der Kritikerin. Bilden Sie in Ihrer Gruppe anschließend zwei Tandems: Ein Tandem befasst sich mit den in der Rezension besprochenen inhaltlichen Aspekten, das andere untersucht die sprachliche und analytische Qualität der Rezension. Jedes Tandem notiert die Ergebnisse auf einem Arbeitsblatt.*

Bei der Präsentation und Auswertung der Gruppenarbeit können die Ergebnisse thesenartig von allen Schülern auf dem **Arbeitsblatt 38** in einer Synopse festgehalten werden. Abschließend können die Schüler die Rezensionen bewerten.

- *Welcher Rezension können Sie am ehesten zustimmen, welcher am wenigsten? Begründen Sie.*

Alternativ lässt sich das Arbeitsblatt als Folie zur Ergebnissicherung einsetzen. Es dient als Grundlage für die Folgestunde – das Literarische Quartett.

6.3 Podiumsdiskussion/Talkshow

Eine handlungsorientierte Vertiefung der Arbeit mit den Rezensionen ist in Form einer Podiumsdiskussion oder einer Talkshow möglich, z. B. nach dem Vorbild der ZDF-Sendung *Das Literarische Quartett*. Falls die Schüler die Sendung nicht kennen, empfiehlt es sich, zur Einstimmung einen Ausschnitt per Video vorzuführen. – Einzelne Schüler übernehmen die Rollen verschiedener Literaturkritiker, sei es, dass sie die Positionen der Rezensenten vertreten, deren Kritiken sie vorher analysiert haben, sei es, dass sie eigene Positionen vertreten (auf der Basis ihrer eigenen Buchbesprechungen). Bei dieser Variante ist allerdings darauf zu achten, dass durch konträre Positionen für genügend Konfliktpotenzial in der „Sendung" gesorgt ist. Um die gesamte Lerngruppe zu aktivieren, erfolgt die Diskussion der Talkshow-Gäste nach der „Fishbowl"-Methode, d. h., ein freier Stuhl wird in den Kreis der Diskutanten gestellt, auf dem dann verschiedene Teilnehmer von außen (aus dem Publikum) vorübergehend Platz nehmen und ihr Statement/Argument vortragen können. Ferner ist die Rolle eines Moderators zu besetzen. Die Sendung sollte – wie im *Literarischen Quartett* üblich – mit einer kurzen Inhaltsangabe eröffnet werden. Denkbar ist bei entsprechender schulischer Ausstattung auch, die Diskussion mit einer Digitalkamera aufzunehmen und das Ergebnis anschließend zu begutachten.

Ulrich Raulff: Untergang mit Maus und Muse

Günter Grass will den Leidschatz der Vertreibung aus der Ostsee heben: Heute erscheint seine Novelle „Im Krebsgang".

Die Rolle des Großschriftstellers in Deutschland ist seit 1955 unbesetzt. Nach dem Tod von Thomas Mann war keiner mehr da, dem dieser Lorbeer auf die Locken passte. Aber der Kampf ums Präsidialamt des Geistes [...] ging weiter [...] Zwei alte Männer rivalisieren um den Titel dessen, der der Republik die geistig-moralische Marschzahl vorgibt. Eine Zeit lang hatte [...] Martin Walser die Nase vorn. Jetzt zieht, dank einem bei nachlassendem Erzähltalent immer noch kräftigen Zeitgeistriecher, Günter Grass wieder an ihm vorbei.

Der Autor ist zu sich zurückgekehrt, weiß Gott zum wievielten Mal, zurück nach Danzig, in die Kaschubei [...] Zurückgekehrt unter die ewig Siebzehnjährigen, die zusehen, wie ihre Welt in Stücke fällt und sich gleichzeitig einreden müssen, auf ihr Tun und Lassen käme irgendetwas an, zurück zu den Pickelträgern und den Piefkes, die sich einbilden, sie wären werweißwas, Führer, Weiberhelden oder Praeceptoren.

Das Personal, die Namen, die Folge der Orte und Zeiten, all das ist nicht neu bei Günter Grass. Selbst der Titel der Novelle „Im Krebsgang", die heute im Verlag Steidl erscheint, erinnert an frühere Erzählungen und ihr emblematisches Getier – Hunde, Ratten, dicke Fische. Was neu ist und interessant, ist die Verarbeitung einer großen Katastrophe, vergleichbar dem Untergang der Titanic oder dem Einsturz der Twin Towers, um die herum sich eine kleine Fünfpersonengeschichte legt. Eine etwas zwanghaft symmetrisch konstruierte Erzählung, die gelegentlich noch wie früher nach der Burleske oder nach dem Pikaresken schielt, aber sich für solche Spielereien doch nicht mehr die Zeit nimmt.

Vaterlos im Mutterschiff

Die Katastrophe im Zentrum der Novelle ist der Untergang des ehemaligen „Kraft-durch-Freude"-Dampfers Wilhelm Gustloff, verursacht durch russische Torpedos, am Abend des 30. Januar 1945. Niemand weiß, wie viele Menschen in jener Nacht den Tod in der eisigen Ostsee fanden. Registriert wurden 6600 Passagiere, darunter 5000 Flüchtlinge, aber vermutlich waren es am Ende noch zwei- bis viertausend mehr. Ungefähr die Hälfte davon Kinder und Jugendliche. Gerettet wurden wenig über 1200.

Im Westen der Nachkriegszeit war das Drama der Gustloff ein Dauerthema in zahllosen Familienrunden und Gegenstand eines düsteren Schwarzweißfilms [...] („Nacht fiel über Gotenhafen"), im Osten wurde das von Torpedos der Freundes- und Friedensmacht versenkte Schiff ein zweites Mal von der Zensur versenkt und zum Tabu gemacht. Ein Reizthema war die Gustloff allemal, stand sie doch wie ein schauriges See- und Geschichtszeichen für die historische Katastrophe von Flucht und Vertreibung der Deutschen aus dem Osten. An dieses Wrack zu rühren, hatte seinen Preis.

Seit Jahrzehnten liegt Günter Grass die Gustloff auf der Seele, immer wieder hat er die Tragödie angetippt, von den „Hundejahren" über die „Rättin" bis heute. Aber er wusste auch, weshalb er um das gesunkene Schiff wie um den heißen Brei schlich. „Mochte doch keiner was davon hören, hier im Westen nicht und im Osten schon gar nicht", lässt er seinen Erzähler Paul Pokriefke sagen. Diesen Pokriefke, einen mäßig erfolglosen Journalisten, der bei Springer volontiert und später bei der „taz" geschrieben hat, hat er, „der Alte", als der er gelegentlich im Buch auftaucht, damit beauftragt, die Geschichte vom Untergang der Gustloff zu erzählen. Eine Geschichte, die ihm „aufgegeben" ist, an die er sich aber nicht mehr heranmachen will. Also muss Pokriefke ran, der ist prädestiniert.

Er ist der Sohn von „Tulla" Pokriefke, die treue Grass-Leser schon aus „Katz und Maus" kennen, eine frühreife Göre mit magnetischer Wirkung aufs andere Geschlecht, was der Grund dafür ist, dass die Identität von Pauls Vater unbestimmt bleibt. Diese nebulöse Herkunft ist insofern nicht gleichgültig, als Vaterlosigkeit zu einem der Leitmotive der Novelle wird, während umgekehrt Tulla zur Muttermacht und Muse der Erinnerung aufsteigt, die man gern als femme fatale beschriebe, ginge nicht diese Vokabel an dem zillehaften Milieu der Grass'schen Welt jämmerlich zuschanden.

Was Pokriefke zum idealen Erzähler der Geschichte bestimmt, ist die Stunde seiner Geburt: Im nämlichen Augenblick, als die Gustloff versank, 62 Minuten nach den Torpedotreffern, kam Paul auf dem Begleitschiff „Löwe", das seine Mutter gerettet hatte, endlich zur Welt. Endlich muss man deshalb sagen, weil Pokriefke sich an die eigene Geburt fast so langsam heranarbeitet wie Tristram Shandy: weil in diesem Fall die Geburt zeitgleich ist mit dem Inferno in der Ostsee. Hier, auf dem Höhepunkt des dramatischen Geschehens, staut sich die Zeit, und der Erzähler nutzt die kleine Geschichte um die hochschwangere Tulla, um das Entsetzliche des namenlosen Sterbens verschweigen zu können, allenfalls andeuten zu müssen. Danach nimmt die Erzählung wieder flotte Fahrt auf.

Als hätte [...] Grass sich [...] intensiv in Dürers Melancholiebild versetzt, legt er seiner Erzählung eine Konstruktion aus Zahlenmagie und Geometrie zugrunde. Zahlenmagie [...] heftet sich hier an das Datum des Untergangs: auf den Tag fünfzig Jahre nach der Geburt des Namengebers Wilhelm Gustloff und zwölf Jahre nach der „Machtergreifung" der Nazis – Hitlers letzte Rede aus Anlass dieses 30. Januar gehört zum Letzten, was die Passagiere der Gustloff vor den Detonationen und den Schreien der Todgeweihten hörten. Und da ist eine geometrische Figur wie ein Kegel mit einer dicken Mitte – der Schiffskatastrophe – und zwei spitzen Enden, die jeweils durch vier tödliche Schüsse markiert werden.

Den Anfang macht das Attentat auf den in der Schweiz für die NSDAP agitierenden Wilhelm Gustloff durch den knochenkranken jüdischen Studenten David Frankfurter, das der NS-Bewegung zu einem relativ späten Zeitpunkt, 1936, einen „Blutzeugen" und dem neuen KdF-Schiff einen Namensgeber beschert. Am Ende steht ein symmetrisches Attentat, das der rechtsradikale Sohn des Erzählers, Konrad oder Konny Pokriefke, auf den vermeintlichen Juden „David" verübt. Die beiden Jungen, siebzehnjährig comme il faut, so alt wie Tulla bei der wunderbaren Rettung/Entbindung, haben sich im Internet kennengelernt, im Chatroom einer rechtsradikalen Website zum Untergang der Gustloff, die der als „Wilhelm" firmierende Konrad unterhält. Mehr als sechzig Jahre nach den Schüssen von Davos spielen die Jungen die Realität einer alten NS-Geschichte virtuell nach. Es sieht so aus, als sollte die Tragödie von einst sich heute als digitale Farce wiederholen – bis das blutige Ende kommt.

Sowohl literarisch als auch zeitdiagnostisch, beides ist ja bei Grass nie zu trennen, ist dieser Konstruktionsbogen von einem Attentat zum anderen die dünnste, überspannteste Linie in der Novelle. Die Warnung vor den Gefahren des Rechtsradikalismus, von Grass bei passender Gelegenheit, siehe seine jüngsten Ausfälle gegen Stoiber, auch gern zwecks Komparativbildung relativiert (Edmund ist schlimmer als die Glatzen), ist so bekannt wie langweilig.

Darunter, auf der zweiten Konstruktionsebene der Erzählung, wird es interessanter: Da spielt sich das Melodram einer Generation von Versagern ab.

Denn zwischen der übergroßen Tulla-Mutter und dem irrlichternden Konny-Enkel steht als Stellvertreter einer Generation von Mitschwimmern Paul Pokriefke. Statt die mütterliche Mission zu übernehmen und Zeugnis zu geben von den Leiden des deutschen Volkes, hat er politisch korrekt geschwiegen und dazu beigetragen, das Thema den Rechten in die Hände fallen zu lassen. Hier, wo Grass mit der eigenen Generation abrechnet, setzt er auch zu einer Rettung an, nicht minder wundersam als die der Tulla Pokriefke. Sie gilt nicht nur der eigenen Jugend, der er seit der „Blechtrommel" manchen Gedenkstein gesetzt hat.

Ballade vom Taucher

Seit einiger Zeit zieht Günter Grass durch die Lande und hält Vorträge über das Schicksal der vertriebenen Wolgadeutschen und die Leiden, die den Deutschen während des Krieges zugefügt wurden. Günter Grass ist ausgezogen, den Leidschatz des deutschen Opfergedächtnisses zu heben, und er weiß, wo der größte Batzen liegt: in der Ostsee nördlich von Stolpmünde. Grass will nicht länger zusehen, wie sich Rechte des Themas von Vertreibung und Leid der Deutschen bemächtigen. Er hat gespürt, dass es noch einmal wiederkehren wird wie die Untoten aus der Ostsee, er mag die ZDF-Serie von Knopp gesehen, die wachsende Zahl historischer Studien bemerkt haben. Und wenn es als Thema im Wahlkampf wiederkehrte? Dann wäre Grass, der Linke, der Angehörige der Schweigergeneration, einmal nicht zu spät gekommen: Ich bünn all hier.

Er ist ja nicht der Erste, der in der Asche von Vertreibung, Flucht und Bombenkrieg stochert. Er ist auch nicht der erste Linke oder besser Nicht-Rechte, der das tut. [...]

Günter Grass, das lässt sich schon jetzt absehen, wird mit seiner in Novellenform gekleideten Vergangenheitspolitik auf weniger Widerstand treffen. Schon öffnen sich die Arme, um den zurückgekehrten Erzähler Grass an die Kritikerbrust zu drücken. Die Qualität seiner Novelle, die literarisch und ästhetisch dürftig ist, kann dafür nicht ausschlaggebend sein. Der Beifall gilt dem Tabubrecher, der behilflich ist, dem deutschen Gerede ein Thema wiederzugeben, über dem bisher kollektives Schweigegebot lag. Man wird ihn als mutigen Arbeiter am Gedächtnis feiern, man wird ihm auf die Schulter klopfen. Recht geschieht es ihm. Nur mit Literatur hat das nichts mehr zu tun.

In: Süddeutsche Zeitung vom 5.2.2002

Rolf Schneider: Der beste Grass seit Jahren

Die Novelle „Im Krebsgang": Eine notwendige Erinnerung an das Schicksal der Vertriebenen

Zu den Zeichnungen, mit denen der begabte Grafiker Günter Grass die literarischen Erfindungen des noch begabterenSchriftstellers Günter Grass zu illustrieren pflegt, gehörten bisher neben totem Holz und Vogelscheuchen allerlei Tiere wie Krähen, Ratten, Unken, Schnecken und der Plattfisch Butt. Nunmehr kam als weiteres Tier hinzu der in Rötel gefasste *carcinus maenas*, die Strandkrabbe aus der Gattung der Custacaen oder Krebstiere.
Die Gangart jener Tiere ist umständlich. Als Metapher bezeichnet Krebsgang eine langsame Rückwärtsbewegung. Zudem klingt heimlich die Krebs genannte Geschwulsterkrankung mit. Deren Anamnese ist oft so langwierig wie ihr Verlauf letal. Unbeachtetes, Unterdrücktes spielte seine Rolle. Bekannter ist dieser Vorgang im psychischen Bereich, wo er häufig zu nervösen Störungen führt. Verdrängung ist ein nicht bloß individuelles Phänomen; die Unruhen des Jahres 1968 in Deutschland (West) bewiesen, wie sich geschichtliche Verdrängung in gesellschaftlicher Eruption äußern kann.
Die damals einsetzende Abrechnung mit der braunen Vergangenheit brachte mit sich, dass vieles, was im Zusammenhang des Zweiten Weltkriegs geschehen war und sich mit dem Grobraster von deutscher Schuldhaftigkeit entzog, weitgehend bagatellisiert wurde. Der Exodus von 12,5 Millionen Zivilisten aus den damals deutschen Ostgebieten – Böhmen, Schlesien, Ostpreußen oder Pommern – gehörte dazu. Abweichende Haltungen versammelten sich unterm Dach der Vertriebenenverbände, die mehr und mehr in die Rolle von Revanchistenclubs abgedrängt wurden. Bis sie es wirklich waren.
Gelegentlich eines Vortrages in Litauen vor mehr als einem Jahr sagte Günter Grass, die „Erinnerung an die vielen Toten der Bombennächte und Massenflucht" sei von der deutschen Nachkriegsliteratur weitgehend verdrängt worden. Völlig korrekt ist das nicht, wie auch die Debatte um ähnlich geartete Äußerungen des kürzlich verstorbenen Schriftstellers W. G. Sebald bewies; zumal das Thema Vertreibung kommt in der deutschen Nachkriegsbelletristik reichlich vor, bei Siegfried Lenz, Horst Bienek, Arno Surminski und Leonie Ossowski zum Beispiel, die Erinnerungsbücher von Krockow und Dönhoff nicht gerechnet. Auch Günter Grass selbst wäre zu nennen, mit seiner „Blechtrommel", entfernt auch mit den „Hundejahren".
Eine wesentliche Figur dieses zweiten Buches (wie zuvor schon der Novelle „Katz und Maus") ist Ursula – genannt Tulla – Pokriefke. Sie wie ihre Freunde Jenny Brunies, Joachim Mahlke und Henry Liebenau nebst titelspendendem Schäferhund Harras treten in Grass' jüngstem Buch abermals auf, Jenny, Harras, Harry und Joachim bloß flüchtig, Tulla umso nachdrücklicher. Die dämonische Göre aus Danzig-Langfuhr mit dem Knochenleimgeruch wird ein hochschwangerer Passagier auf dem Flüchtlingsdampfer „Wilhelm Gustloff".
Dieses Schiff, 1937 in den Dienst der nationalsozialistischen Ferienorganisation „Kraft durch Freude" gestellt und nach Kriegsausbruch zum schwimmenden Lazarett umgewidmet, stach am 30. Januar 1945 von Gdingen aus in See – das damals noch Gotenhafen hieß und heute Gdynia heißt. An Bord befanden sich knapp tausend Militärangehörige und rund 9000 Zivilisten, letztere Flüchtlinge aus dem von der Roten Armee bedrängten Ostpreußen. In der folgenden Nacht wurde die „Gustloff" von drei Torpedos eines sowjetischen Unterseebootes getroffen. Sie begann zu sinken. Etwa 1200 Menschen konnten sich retten, die anderen kamen um: Treibgut in der eiskalten Ostsee, eingeschlossen in dem untergehenden Schiff. Das Ende der „Wilhelm Gustloff" zählt unter die großen Katastrophen der Schifffahrtgeschichte. Manche halten sie für die größte überhaupt.
Grass lässt seine Tulla das Unglück überleben. Ihre Niederkunft erfolgt noch in der gleichen Nacht, auf dem Torpedoboot „Löwe", das sie zuvor aus dem Wasser gefischt hat. Weiter westlich geht sie an Land und gerät schließlich in die mecklenburgische Residenzstadt Schwerin (aus der einst der Nazifunktionär Gustloff kam), wo sie nun Wohnung und Arbeit findet.
In der volkseigenen Möbelindustrie bringt sie es bis zum sozialistischen Bestarbeiter. Sie zieht ihr Kind groß, einen Sohn namens Paul; noch vor dem Mauerbau flüchtet der nach Westberlin, wo er eine glanzlose Karriere als Journalist beginnt. Er ist der Ich-Erzähler des Buches, ein glückloser Opportunist und seinerseits Vater eines Sohnes, der bald ins rechtsradikale Lager abdriftet, unter anderem deshalb, weil seine Großmutter ihn auf das tragische Schicksal der „Wilhelm Gustloff" fixiert.
Grass nennt sein Prosastück „Novelle". Es ist dies seine zweite nach „Katz und Maus" und entspricht noch mehr als diese der bekannten Goethe-Definition von der sich ereigneten unerhörten Begebenheit. Der von vielen als weitschweifig empfundene Gestus anderer Grass-Bücher mit ihren Manierismen, Redundanzen und gelegentlich verstiegenen Mystagogien fehlt hier völlig. „Im Krebsgang" ist ein knapp gefass-

ter, bedacht komponierter und höchst spannend zu lesender Text.

Seine dokumentarische Genauigkeit ist beeindruckend. Die Biografien des Namensgebers Gustloff, eines Altnazis, und des jüdischen Attentäters Frankfurter, der Gustloff erschoss, werden ebenso erzählt wie die des sowjetischen U-Boot-Kommandanten Marinesko. Dass die Verdrängung historischer Traumata nicht bloß im Falle 1968 zu unberechenbaren Konsequenzen führte, wird vornehmlich am Schicksal des jüngsten Pokriefke mit Vornamen Konrad dargetan.

Die Wahl des Ich-Erzählers erweist sich als Glücksgriff. Die mürrische Ratlosigkeit des Journalisten Paul Pokriefke angesichts der zu schildernden Vorgänge schließt jedes billige Moralisieren aus. Die finsteren Geschehnisse wirken fast lapidar, ihre grausige Komik wird nicht unterschlagen, politisch korrekt ist hier gar nichts. Die Geschichtensammlung „Mein Jahrhundert", mit der Grass das letzte Säkulum abschritt, hat ihm sehr genutzt, als Training in Genauigkeit ebenso wie in Rollenprosa. Beides kommt der Novelle zugute.

Tulla Pokriefke, vormals verruchtes Luder mit erotischer Neigung zu strammen Jungnazis, wird nach dem Kriege SED-Mitglied und Stalin-Anhängerin, im wiedervereinigten Deutschland wählt sie die PDS, geht dann auf sentimentale Rentnertour in die alte Heimat und findet am Ende zum Katholizismus zurück. Ein verschlungener Weg, den Grass nicht denunziert, sondern vorzeigt als das, was er ist: ein deutsches Schicksal in sehr unruhiger Zeit.

Es ist so deutsch und so signifikant wie der manische Philosemitismus des badischenBürgerprozesses Wolfgang Stremplin, der sich mit dem Gustloff-Attentäter David Frankfurter identifiziert, um am Ende – die beiden haben sich zeitgemäß über das Internet kennen gelernt – vom Sohn des Ich-Erzählers erschossen zu werden.

Dieser Teil der Geschichte schmeckt ein wenig nach Kolportage, doch der Text verträgt und trägt auch dies. Das unverdrossene Fortwuchern des rechtsradikalen Denkens, für das die Figur des Konrad Pokriefke steht, verstört selbst den abgebrühten Vater, dessen allerletzte Worte dann lauten: „Das hört nicht auf. Nie hört das auf." Es war gut, dass einer wie der des ostpreußischen Revanchismus gänzlich unverdächtige Günter Grass sich des Gegenstandes annahm; es war nicht zuletzt gut für Günter Grass. Gelegentlich hat er angemerkt, er sei eigentlich „ausgeschrieben". Mit „Im Krebsgang" verfasste er sein seit langem bestes Buch. […]

In: Die Welt vom 5. 2. 2002

Roman Bucheli: Die verspätete Erinnerung

Günter Grass' Novelle „Im Krebsgang"

Im Herbst 1997 löste der unlängst tödlich verunglückte Schriftsteller W.G. Sebald eine literarische Debatte aus mit der These, der Luftkrieg gegen die deutschen Städte im Zweiten Weltkrieg und die immensen Opfer unter der Zivilbevölkerung seien in der deutschen Literatur mit einem Darstellungstabu belegt gewesen. Die Erinnerung an die erlittenen Verluste sei vom Schulddiskurs fast vollständig verdrängt worden. Sebald erhielt viel Zustimmung, mitunter wurden indessen auch Einwände geäußert, oder man zitierte Beispiele, die Sebalds These entkräften sollten. Davon unangefochten blieb der Kern seiner Aussage: Das „Geheimnis von den in die Grundfesten des deutschen Staates eingemauerten Leichen" habe die Deutschen untergründig fester aneinandergebunden als jede andere positive Zielsetzung.

Freilich traf Sebalds Feststellung eines eklatanten Versäumnisses in der deutschen Nachkriegsliteratur auf kaum ein Werk von Rang so wenig zu wie auf jenes von Günter Grass. Von seiner Danziger Trilogie bis ins spätere Werk hinein grundierte der Zweite Weltkrieg den Stoff des Erzählers. Er brachte sowohl die schuldhafte Verstrickung wie die fortdauernden Traumata von Verlust und Vertreibung zur Sprache; unerschrocken rührte er an den wunden Punkt deutschen Gedenkens: Es tut weh, wohin man schaut; man war Täter und Opfer in einem; Scham empfand man für das eine wie das andere. Diese Gleichzeitigkeit von nicht gegeneinander aufzurechnender Schuld und Schmach stellt eine Grundkonstante seines Schaffens dar.

Sinneswandel

Kaum einmal hat Grass versucht, das letztlich Inkommensurable und also auch Unaussprechliche frontal anzugehen. Wohlweislich hat er sich gehütet, daraus ein „Thema" zu machen. Denn nur eingeflochten in eine Geschichte lässt sich das Grauen erzählen. Erst wo es in einzelnen flüchtigen Bildern aufblitzt, wo es im Krebsgang, seitlich streifend, erzählt wird, greift es uns kalt ans Herz. So geschah es in manchem Buch von Günter Grass; so geschieht es in einigen Büchern dieses Frühjahrs, von Judith Kuckart über Hanna Johansen bis Christa Wolf.

Vor vier Jahren noch vertrat Grass in einem Interview in dieser Zeitung die Ansicht, es lasse sich nicht erzählen, was Sebald eingeklagt hatte. Zwei Jahre später machte er sich in seinem Sinneswandel dessen Auffassung zu eigen: Merkwürdig mute an, so stellte er in einer in Vilnius gehaltenen Rede fest, „wie spät und immer noch zögerlich an die Leiden erinnert wird, die während des Krieges den Deutschen zugefügt wurden. [...] Selbst in der Nachkriegsliteratur fand die Erinnerung an die vielen Toten der Bombennächte und Massenflucht nur wenig Raum." Und nun, abermals zwei Jahre später, legt er seine Novelle „Im Krebsgang" vor, und holt er – in einer verspäteten Erinnerung – nach, was er und seine Generation versäumt haben sollen.

Als Alter Ego des Autors tritt in der Novelle ein in die Jahre gekommener Schriftsteller auf. Seine Aufgabe wäre es gewesen, so lässt ihn Grass gleichsam in eigener Sache gestehen, das Elend der ostpreußischen Flüchtlinge zu beschreiben: „Gleich nach dem Erscheinen des Wälzers ‚Hundejahre' sei ihm diese Stoffmasse auferlegt worden. Er – wer sonst? – hätte sie abtragen müssen, Schicht für Schicht." Stattdessen hat der alternde Dichter, „der sich müdegeschrieben hat", einen eher miesen als nur mittelmäßigen Journalisten zum Ghostwriter ausersehen: Dieser soll nun nachholen, was Grass bzw. sein Novellen-Alter-Ego aus Geschichtsverdrossenheit in den Sechzigerjahren unterlassen habe: aussprechen, was niemand wissen, aber jeder vergessen wollte; das von der übermächtigen eigenen Schuld Verdrängte hervorholen und nicht nur der fremden, sondern auch der eigenen Toten gedenken. – Und schon jubelt das deutsche Feuilleton: Nun endlich sei eingelöst, was Sebald gefordert hatte. Endlich sei das literarische Schweigen über die deutschen Opfer gebrochen, sei das namenlose Leid in Gesichtern und Geschichten aufgehoben.

Brisante Triade

Aber tut Grass auch wirklich, was man ihm nachsagt und was er sich selber abverlangt? Nun ja, er erzählt die Geschichte des am 30. Januar 1945 in der Ostsee von einem russischen U-Boot versenkten deutschen Flüchtlingsschiffes „Wilhelm Gustloff". Wohl gegen 9000 Menschen sind dabei umgekommen, darunter viele Kinder und Frauen, die vor den anrückenden russischen Truppen evakuiert werden sollten; nur wenig mehr als 1200 Menschen überlebten die Katastrophe. Gewiss, Grass schildert in einigen ergreifenden Skizzen das Elend der Flüchtlinge und den tausendfachen Tod im eiskalten Meer. Indessen holt er weiter aus. Ein zweiter – dünner – Erzählstrang folgt den Spuren des serbischen Juden David Frankfurter, der 1936 in Davos den Landesgruppenleiter Wilhelm Gustloff (nach ihm war der ehemalige „Kraft durch Freude"-Dampfer benannt) erschossen hatte. Ein dritter und nicht weniger dürftiger Strang schließlich handelt vom russischen U-Boot-Kommandanten, der den verhängnisvollen Schießbefehl gegeben hatte. Das alles fügt sich zu einer brisanten Triade: hier ein jüdischer, dort ein russischer Täter – und dazwischen das Opfer, ein deutsches Flüchtlingsschiff.

Erzählt uns Grass diese Geschichte? Nein, dazu ist er zu klug, sein Trick ist indessen ganz und gar durchsichtig. Er hat die Geschichte seinem Ghostwriter in den Mund gelegt. Umständlich und sprunghaft berichtet dieser, mit dokumentarischem Eifer und selten auf die eigene Einbildungskraft oder die Erinnerung der Zeitzeugen vertrauend. Ausgerechnet dieser Journalist – der abwechselnd für die rechte Springer-Presse und die linke „taz" schreibt – soll also das Versäumte nachholen? Einer, der wie Grass ungestraft Sätze wie diesen schreiben lässt: „Die Geschichte, genauer, die von uns angerührte Geschichte ist ein verstopftes Klo. Wir spülen und spülen, die Scheiße kommt dennoch hoch." Die Wahl indessen fiel nicht zufällig auf diesen schlechten Stilisten. Er ist gewissermaßen ein Überlebender der „Gustloff", geboren in der Stunde ihres Untergangs auf deren Begleitschiff, wohin seine bereits in den Wehen liegende Mutter gerettet worden war. Er ist der Sohn der Tulla Pokriefke, von der es in dem Roman „Die Rättin" noch geheißen hatte, sie sei wahrscheinlich mit der „Gustloff" untergegangen.

Freilich hätte weder der ominöse Auftraggeber noch das Drängen seiner Mutter diesen Paul Pokriefke dazu bringen können, die Geschichte der gesunkenen „Gustloff" aufzuzeichnen. Erst als er bei lustlosen Recherchen im Internet auf eine rechtsradikale Homepage aufmerksam wurde, hinter der er bald den eigenen, halbwüchsigen Sohn Konrad vermutete, schreckte er auf. Und so wird uns denn die Geschichte weder von Grass noch zur Hauptsache von diesem Paul Pokriefke und geschweige denn im Krebsgang erzählt, vielmehr erhalten wir Zugang zu Fakten und Legenden im Maß, wie diese von Konrad im Internet aufgeschaltet werden.

In doppelter Brechung also wird erzählt. Die Absicht ist leicht erkennbar: Grass geht es nicht vor allem um die Tragödie des Flüchtlingsschiffes, vielmehr führt er vor, was mit dieser und ähnlichen Geschichten von deutschem Leid geschieht, wenn sich der für sie prädestinierte Schriftsteller aus Überdruss an der Vergangenheit der Verantwortung entzieht und das Erzählen einem opportunistischen Journalisten überlässt, der sich seinerseits davor drückt, bis der Stoff seinem rechtsradikalen Sohn zufällt, der mit diesen Opfergeschichten ganz eigene Zwecke verfolgt. Vor die Hunde geht dabei nicht nur die Erinnerung, die Geschichtsverdrehung stiftet auch zu Revanchismus an. Das alles zeigt uns Grass, einschließlich eines daraus hervorgehenden antisemitisch motivierten Mordes.

Pedantisch und belehrend

Gewiss, ein Gestus der Selbstanklage begleitet diese Novelle, pedantisch indessen ist das didaktisch-belehrende Kalkül ihrer Konstruktion. Der Text hält mit dem Zeitgeist Schritt, politisch ist ihm nichts vorzuwerfen, literarisch aber ist er bis auf wenige Szenen belanglos. Hätte Grass nur zunächst ein politisches Manifest geschrieben und hätte er dann seine Novelle verfasst und hätte er darauf verzichtet, seine Worte einem Strohmann in den Mund zu legen, es wären ihm vielleicht ureigene Bilder gelungen, womöglich noch mehrere von der Art wie dieses, in welchem das Leiden nur mittelbar, gespiegelt aufscheint: Kurz bevor die „Gustloff" mit den Flüchtlingen an Bord zu ihrer Fahrt ins Verderben ablegt, kommen – in einer Erinnerung der Mutter – die zurückgelassenen und herrenlosen Hunde in den Blick, die nicht aufs Schiff durften und nun so verstört wie hungrig die Quaianlagen unsicher machen.

Indessen scheint die Novelle mit ihren einprägsam-schlichten Denkfiguren politischen Anschauungsunterricht betreiben zu wollen; hier die Generationen der Mütter, die mit ihren Erinnerungen nur Widerwillen auslösen und diese allmählich nostalgisch einfärben; da die unwillige Kindergeneration, die von alldem nichts wissen will; dort die Enkel, die widerstandslos den Neonazis anheimfallen. Oder hier die DDR mit ihrem institutionalisierten Antifaschismus, der nach dem Mauerfall mit einer sentimentalen Erinnerungskultur kompensiert wird; im Westen dagegen eine liberal-aufgeklärte Toleranz, die dann freilich dem rechtsradikalen Gedankengut ihrer Jugendlichen nur obrigkeitliche Zensur entgegenzustellen weiß.

Selten hat Grass weniger den Krebsgang gewählt, selten ist er der Zeit weniger „schrägläufig in die Quere" gekommen. Fadenscheinig hat er seinen Stoff gewoben, eher gut gemeint als gut gemacht. Grass wird viel Zustimmung und Beifall erhalten für seine politisch korrekte Novelle. Doch statt, was nottut, zu erzählen, strickt Grass bereits an einem neuen Schuld- und Selbstbezichtigungsdiskurs.

In: Neue Zürcher Zeitung vom 9. 2. 2002

Inhaltliche Auswertung der Rezension zur Novelle *Im Krebsgang*

Autor und Titel der Rezension: ______________________

Erscheinungsdatum/Quelle: ______________________

In der Rezension besprochene Aspekte (das „Was"):

1. Zusammenfassung des Inhalts (treffende Darstellung des Wesentlichen?, Konzentration auf ein bestimmtes Element?)	
2. Stellungnahme zum Autor, Einordnung des Textes in das Gesamtwerk	
3. Beurteilung der literarischen Qualität (Erzählweise, Komposition, Sprache)	
4. Stoff/Thematik. Wie bespricht der Rezensent die Thematik? Wie positioniert er sich zu ihr?	
5. Interpretationsansatz	
6. Gesamtbewertung	
7. Ihre wertende Stellungnahme zur Buchbesprechung. Inwiefern wird sie der Novelle (nicht) gerecht?	

Die formale und analytische Qualität der Rezension zur Novelle *Im Krebsgang*

Autor und Titel der Rezension: ______________________________

Erscheinungsdatum/Quelle: ______________________________

Die formale und analytische Qualität der Rezension (das „Wie"):

1. **Titel** Gelungen? Hinweis auf Tendenz der Rezension?	
2. **Einleitung** (Aufhänger/Einstieg) Wird Interesse geweckt? Wird das Thema benannt? Ist die Länge angemessen?	
3. **Qualität der Werkanalyse** Werden alle relevanten Aspekte (Komposition, Gattung, Sprache, Figurendarstellung, Erzählweise thematisiert? Welche besonders ausführlich, welche gar nicht?	
4. **Sprache/Stil** Stilmittel, z. B. Metaphern, Vergleiche, kreative Wortschöpfungen, Zitate, Stilebene?	
5. Ihre **Bewertung** der literarisch-sprachlichen und analytischen Qualität der Rezension	

Auswertungsbogen für alle Rezensionen

Ulrich Raulff *Süddeutsche Zeitung* vom 5.2.2002	**Rolf Schneider** *Die Welt* vom 5.2.2002	**Roman Bucheli** *Neue Zürcher Zeitung* vom 9.2.2002

Auswertungsbogen (Lösung)

Ulrich Raulff *Süddeutsche Zeitung* vom 5.2.2002	**Rolf Schneider** *Die Welt* vom 5.2.2002	**Roman Bucheli** *Neue Zürcher Zeitung* vom 9.2.2002
Titel: <u>Untergang mit Mann und Muse</u> (Anspielung auf den doppelten Untergang, den des Schiffes und den der Erzählkunst) • Grass sei ein „Großschriftsteller mit nachlassendem Erzähltalent“ • der Text sei „zwanghaft symmetrisch“ konstruiert • der Konstruktionsbogen von einem Attentat zum anderen sei dünn und überspannt • Raulff geht nicht auf die Erzähltechnik, aber ausführlich auf das Thema der Novelle ein • die Warnung vor Rechtsradikalismus sei bekannt und langweilig • interessanter als das rechtsradikale Milieu sei das „Melodram einer Generation von Versagern“ • die Qualität des Textes sei „literarisch und ästhetisch dürftig“, lobenswert sei nur der Tabubruch <u>Fazit</u>: überwiegend negative Besprechung	Titel: <u>Der beste Grass seit Jahren</u> • ausführliche Inhaltsangabe • Grass knüpfe an die Danziger Trilogie an • lobt dokumentarische Genauigkeit • geht auf die Gattung ein und lobt, dass der Text „knapp gefasst“, „bedacht komponiert“ und „höchst spannend zu lesen“ sei • die Wahl des Ich-Erzählers sei ein „Glücksgriff“: seine Ratlosigkeit schließe jedes „billige Moralisieren“ aus • Erzähltechnik findet keine Erwähnung • einzige Kritik: Das Attentat auf W. Stremplin ähnele der Kolportage, doch könne die Novelle das verkraften <u>Fazit</u>: positive Besprechung: „Seit langem das beste Buch“ von Grass	Titel: <u>Die verspätete Erinnerung</u> • eine Konstante im Werk von Grass sei die Darstellung von Schuld und Schande im Dritten Reich • Grass wählt als Erzähler einen „schlechten Stilisten“, der sprunghaft erzählt • dem Autor gehe es nicht um die Schiffskatastrophe, sondern um die Folgen, die es hat, wenn man sich seiner Geschichte nicht annimmt und ihre Aufarbeitung Journalisten und Internet-Autoren überlässt • Grass sei die Selbstklage wichtiger als die Darstellung der Leiden • Bucheli wirft Grass „pedantische Belehrung“ vor • die Novelle sei „literarisch belanglos“, sie löse den Titel erzähltechnisch nicht ein <u>Fazit</u>: negative Besprechung bzw. Verriss

Baustein 7

Günter Grass – Autor und Werk

7.1 Der Künstler Günter Grass

Die Vielseitigkeit des künstlerischen Werks von Günter Grass dürfte vielen Schülern kaum bekannt sein, da Grass hauptsächlich als Romanautor rezipiert wird. Dass der gelernte Steinmetz aber auch Lyriker, Dramatiker und bildender Künstler ist, kann im spielerisch-kreativen Umgang mit ausgewählten Grafiken und Gedichten am Ende der Reihe entdeckt werden. Unter der Überschrift „Wir machen uns ein Bild von Günter Grass" widmen sich die Schüler in Gruppenarbeit verschiedenen Facetten seines Werks, sodass am Ende ein in Puzzleteile zerschnittenes Porträt von Grass vollständig zusammengesetzt werden kann. Jede Gruppe erhält ein Puzzleteil und beschäftigt sich mit dem darauf vermerkten Bereich des künstlerischen Schaffens.
Die Klasse wird je nach Gesamtgröße in vier bis sechs Gruppen aufgeteilt; jede Gruppe erhält ein Puzzleteil aus dem Grass-Porträt (die Kopiervorlage in **Zusatzmaterial 11**, S. 136 kann auf DIN-A3-Format vergrößert und dann in die gewünschte Anzahl von Puzzleteilen zerschnitten werden). Auf allen Puzzleteilen wird ein Arbeitsauftrag (siehe unten die Vorschläge) notiert. Zusätzliches Material wird den Gruppen zur Verfügung gestellt.

Gruppe 1: Die Biografie von Günter Grass (mindestens drei Teilnehmer)
Die Schüler erhalten eine Biografie in Papierform (vgl. **Arbeitsblatt 39**, S. 119) oder eine Internetadresse (www.dhm.de/lemo/html/biographien/Grass.Guenter) für ihre Recherche. Statt nur Daten zu reproduzieren, geben sie biografische Wendepunkte oder Ereignisse im Leben des Künstlers szenisch wieder, indem sie ein Interview vorführen (z. B. ein Journalist im Gespräch mit Günter Grass: „Wie haben Sie den Zweiten Weltkrieg erlebt? Was haben Sie studiert? Wo haben Sie nach dem Studium gelebt? Wann haben Sie Ihren ersten Roman veröffentlicht? usw.) oder ein szenisches Spiel mit markanten biografischen Ereignissen (z. B.: das Telefon klingelt, Grass wird benachrichtigt, dass er den Nobelpreis erhält) darbieten.

- *Informieren Sie sich über die Biografie von Günter Grass. Präsentieren Sie besondere Ereignisse oder Wendepunkte seines Lebens, indem sie ein Interview mit Grass vorspielen oder einzelne Momente szenisch darbieten: eine Begegnung, eine Szene am Schreibtisch, eine Entscheidung mit Monolog ...*

Gruppe 2: Beispiele aus dem grafischen Werk
Die Schüler befassen sich a) mit einigen Grafiken von Grass (**Arbeitsblatt 40**, S. 120) und b) mit einem Text, in dem Grass die Frage, ob er nun eher „Schreiber" oder „Zeichner" sei, dahingehend beantwortet, dass sich beide Bereiche in seinem Werk wechselseitig befruchten (**Arbeitsblatt 40**). Nach diesem Prinzip schreiben die Schüler einen kurzen Text zu einer Grafik ihrer Wahl. (Aquarelle von Grass sind in der gebundenen Ausgabe von *Mein Jahrhundert* zu finden.)

- *Lesen Sie Grass' Antwort auf die Frage: „Bin ich nun Schreiber oder Zeichner?". Fassen Sie die Kernaussagen zusammen. Wählen Sie dann eine Grafik aus und lassen Sie sich von ihr zu einem eigenen kleinen Text (einer Geschichte oder einem Gedicht) inspirieren. Schreiben Sie ihn auf.*

Gruppe 3: Der engagierte Schriftsteller

Günter Grass wird oft als „Gewissen der Nation" bezeichnet, weil er sich jahrzehntelang in politisch-moralischen Konflikten zu Wort gemeldet hat. Die Schüler äußern ihre Erwartungen gegenüber einem „engagierten" Dichter wie Günter Grass und analysieren sein Gedicht *Drei Fragen*, das sie selbst kreativ abwandeln oder aktualisieren (Gedicht und Aufgaben befinden sich in **Arbeitsblatt 41**, S. 121). Alternativ können die Schüler außerdem die Biografie (**Arbeitsblatt 39**, S. 119) auswerten und hier einige Beispiele für das politische Engagement des Schriftstellers vorstellen.

Gruppe 4: Lyrik von Günter Grass

Aus drei Gedichten (*Nächtliches Stadion, Familiär, Im Ei;* **Arbeitsblatt 42**, S. 122) wählen sich die Schüler dieser Gruppe ein bis zwei Gedichte zur Rezitation aus. Sie tragen es der Klasse vor (interpretierendes Lesen) und erläutern kurz, wie sie es verstehen (Deutungsansatz).

- *Lesen Sie die drei Gedichte von Günter Grass. Suchen Sie ein bis zwei Gedichte aus und bereiten Sie den Vortrag dieser Gedichte vor (auch verteilte Sprecherrollen sind möglich). Interpretieren Sie danach die von Ihnen ausgesuchten Gedichte.*

Gruppe 5: Vorstellung weiterer Romane und Novellen

Die Gruppe greift auf *Kindlers Neues Literaturlexikon* zurück, das die Lehrkraft ihnen zur Verfügung stellt, und informieren sich über Inhalt und Handlung anderer Prosatexte von Grass, insbesondere der „Danziger Trilogie" *(Die Blechtrommel, Katz und Maus, Hundejahre).* Sie stellen ein bis zwei Werke kurz vor, möglichst auch mit einer Lesekostprobe (die entsprechenden Grass-Titel sollten als Material bereitgelegt werden).

- *Informieren Sie sich über den Inhalt eines Prosawerks aus Grass' „Danziger Trilogie". Stellen Sie den Inhalt kurz vor und lesen Sie dann einen Auszug daraus der Klasse vor.*

Gruppe 6: Der Dramatiker Günter Grass: *Die Plebejer proben den Aufstand*

Die Schüler dieser Gruppe informieren sich über die Handlung des Dramas (mithilfe eines Schauspielführers oder mit dem *Kindler*) und bereiten eine kurze szenische Lesung mit verteilten Rollen vor. Das Drama muss hier ebf. zur Verfügung gestellt werden.

- *Informieren Sie sich über die Handlung des Dramas „Die Plebejer proben den Aufstand", referieren Sie den Inhalt und bereiten Sie eine kurze szenische Lesung eines Ausschnitts mit verteilten Rollen vor.*

Nach der Gruppenarbeit stellen die Schüler ihre Ergebnisse nacheinander vor und befestigen dabei ihre Puzzleteile nacheinander an der Tafel, sodass am Ende ein vollständiges Bild entsteht. – Das Grass-Puzzle kann durch die Reduktion der Gruppenzahl auch weniger facettenreich und zeitaufwändig gestaltet werden. Denkbar ist, dass einzelne Teile als Referate von den Schülern zu Hause vorbereitet werden oder dass man sich von vornherein mit den Schülern auf nur eine Facette – die bildende Kunst oder die Lyrik von Grass[1] – konzentriert.

1 Eine Gedicht-Auswahl liegt als Taschenbuch bei Reclam vor: Günter Grass: Gedichte. Auswahl und Nachwort von Franz Josef Görtz. Stuttgart 1985 (RUB 8060).

7.2 Der Nobelpreis für Literatur

Der Nobelpreis für Literatur wird jährlich am 10. Dezember, dem Todestag Alfred Nobels, zusammen mit den Nobelpreisen der anderen Disziplinen verliehen und ist mit 10 Millionen schwedischen Kronen dotiert. Dass der Autor der Novelle *Im Krebsgang* 1999 von der Schwedischen Akademie mit dem höchsten internationalen Literaturpreis ausgezeichnet wurde, unterstreicht sicher auch in den Augen der Schüler die Bedeutung seines Werks und kann sie zusätzlich motivieren, sich mit ihm auseinanderzusetzen. Die Auszeichnung für Günter Grass kann aber auch zum Anlass genommen werden, die Geschichte des Nobelpreises und seines Stifters sowie die Arbeit der Schwedischen Akademie kennenzulernen. Nicht zuletzt gehört das Wissen um die (deutschsprachigen) Literatur-Nobelpreisträger der vergangenen hundert Jahre auch zur kulturellen Bildung. Im Folgenden seien einige Anregungen für die unterrichtliche Umsetzung zusammengestellt. Da es sehr gute Informationsportale zum Literatur-Nobelpreis gibt, ist es empfehlenswert, die Stunde im Computerraum der Schule durchzuführen.
Für den Einstieg bringt die Lehrkraft Romane von Nobelpreisträgern (z. B. von Thomas Mann, Hermann Hesse, Heinrich Böll, Günter Grass und Elfriede Jelinek) mit, legt sie auf einen freien Tisch und stellt die Frage:

- *Was haben die Autoren all dieser Romane gemeinsam?*

Anschließend sammeln die Schüler ihr Wissen über Alfred Nobel und die verschiedenen Nobelpreise. Zur Vertiefung und Erweiterung recherchieren sie im Internet unter der Adresse http://nobelprize.org/literature auf der Seite der Schwedischen Akademie weitere Informationen. Dabei können sie sich an folgenden Fragen orientieren:

- *Wer war Alfred Nobel? Wie werden die Nobelpreise finanziert und wie hoch sind sie dotiert? Wer verleiht den Literatur-Nobelpreis? Wie oft, an welchem Tag und in welcher Stadt wird er verliehen? Welche deutschsprachigen Autoren sind bisher mit dem Literatur-Nobelpreis ausgezeichnet worden? Nennen Sie von jedem Preisträger jeweils 2–3 Werktitel.*

Alle Informationen sind auf der genannten Seite (auch in deutscher Sprache) oder auf der Seite http://www.nobelpreis.org/literatur.html abrufbar. Es empfiehlt sich ein arbeitsteiliges Vorgehen, das je nach Zeitrahmen in eine Ausstellung münden kann, sodass alle zwölf deutschsprachigen Preisträger mit einem Foto und einer kleinen (Werk-)Biografie im Klassenzimmer auf einem Plakat vorgestellt werden, evtl. auch in Verbindung mit einer kleinen Lesekostprobe aus einem ihrer Werke oder einer Buchvorstellung.
Zusätzlich oder alternativ zu der Internet-Recherche lesen die Schüler die Pressemitteilung der Schwedischen Akademie vom 30. September 1999, in der sie die Vergabe des Literatur-Nobelpreises an Günter Grass begründet (**Arbeitsblatt 43**, S. 123). Sie entnehmen dem Text die zentralen Argumente zur Begründung der Jury-Entscheidung, benennen inhaltliche, formale oder gedankliche Parallelen zur gelesenen Novelle und ergänzen die Pressemitteilung durch einen Absatz, in dem die erst nach der Preisverleihung publizierte Novelle *Im Krebsgang* gewürdigt wird (siehe die Aufgaben auf dem **Arbeitsblatt 43**). Diese Fortsetzungen tragen die Schüler als Laudator am Ende der Stunde dem Plenum vor.

Der Literatur-Nobelpreis für Günter Grass (1999)

Begründung der Schwedischen Akademie:	**Parallelen zum „Krebsgang“:**
• In seinem Werk wird eine „verlorene Welt“ wiedererschaffen (Danzig).	• Danzig ist Tullas Heimatstadt; die *Gustloff* liegt in der Danziger Bucht.
• Grass beschwört „das Verleugnete und Vergessene“ wieder herauf (Opfer).	• Grass erinnert an die Opfer der verdrängten Schiffskatastrophe.
• Grass ist ein „Spätaufklärer“.	• Er klärt über den Zusammenhang zwischen der verdrängten deutschen Geschichte und dem heutigen Rechtsextremismus auf.
• Er beherrscht die Sprache in ihren „labyrinthischen Feinheiten“.	• Er zieht viele sprachliche Register. (sprachliches Profil der Figuren!).
• In Deutschland ist Grass „Kraftquell und Fels des Ärgernisses“.	• Seine Novelle löst eine heftige politische Debatte aus.
• Er rettet „den Spielraum für Unartigkeiten, ohne den die Kunst stirbt“.	• Er benutzt provokante Umgangssprache.
• Grass stellt die großen Fragen an unser Jahrhundert und gräbt tiefer in der Vergangenheit als die meisten anderen Autoren.	• Er geht dem Schicksal der deutschen Kriegsflüchtlinge auf den Grund und recherchiert sorgfältig.

Die Biografie von Günter Grass

1927 Am 16. Oktober: Grass wird in Danzig als Sohn eines Lebensmittelhändlers geboren.

1944–1946 Einberufung zum Arbeitsdienst als Luftwaffenhelfer, danach Soldat in der Waffen-SS. Grass gerät in amerikanische Gefangenschaft (bis 1946).

1946–1948 Steinmetzlehre in Düsseldorf.

1948–1956 Studium der Grafik und Bildhauerei an der Düsseldorfer Kunstakademie, ab 1953 Schüler der Hochschule für Bildende Künste in Berlin bei dem Bildhauer Karl Hartung.

1956–1958 Grass lebt bis 1959 in Paris. Erste Ausstellungen von Plastiken und Grafiken in Stuttgart und Berlin. Daneben beginnt Grass, schriftstellerisch tätig zu werden. Bis 1958 entstehen vor allem Kurzprosa, Gedichte und Dramen. 1958 wird sein Theaterstück *Onkel, Onkel* in Köln uraufgeführt. Für sein Manuskript *Die Blechtrommel* erhält er den Preis der „Gruppe 47".

1959–1963 Der Roman *Die Blechtrommel* (1959), die Novelle *Katz und Maus* (1961) und der Roman *Hundejahre* (1963) bilden die sogenannte „Danziger Trilogie". Sie dokumentieren Grass' Fabulierkunst und begründen seinen Ruf als politischer Moralist. 1960 übersiedelt Grass nach Berlin.

1965, 1969 und 1972 Beteiligung an Wahlkampftourneen für die SPD, deren Mitglied er von 1982 bis 1993 ist. Grass äußert sich immer wieder zu politischen Themen. Seine Werke *Die Plebejer proben den Aufstand* (1966), *Davor* (1969) und *örtlich betäubt* (1969) sind von seinem politischen Engagement geprägt. Weiter beteiligt sich Grass an öffentlichen Protestaktionen in Ost und West, z. B. gegen die Unterdrückung der Freiheit in der DDR. Nach Erscheinen der Erzählung *Aus dem Tagebuch einer Schnecke* (1972), das den Bundestagswahlkampf von 1969 beschreibt, zieht sich Grass vorerst aus dem politischen Leben zurück.

1977–1979 Veröffentlichungen des Romans *Der Butt* (1977), der seinen internationalen Ruf als Epiker unterstreicht, und der Erzählung *Das Treffen in Telgte* (1979).

1983 Mitunterzeichner des „Heilbronner Manifests", in dem Schriftsteller, Künstler und Wissenschaftler wegen der Stationierung amerikanischer Pershing-II-Raketen in der Bundesrepublik zur Wehrdienstverweigerung aufrufen.

1986–1989 Veröffentlichung des Prosawerks *Die Rättin* (1986), das ein apokalyptisches Bild über den Selbstmord der Menschheit zeichnet. Von August 1986 bis Januar 1987 hält sich Grass in Kalkutta auf. 1989 tritt er aus der Akademie der Künste aus, weil diese aus Sicherheitsgründen eine Solidaritätsveranstaltung für den verfolgten Autor Salman Rushdie verweigert hatte.

1990–1993 Im Zusammenhang mit der deutschen Wiedervereinigung spricht sich Grass gegen eine „Ruck-Zuck-Einheit" aus und plädiert stattdessen für eine allmählich zusammenwachsende föderalistische deutsche Kulturnation. 1992 erscheint die Erzählung *Unkenrufe,* die sein Bemühen um die Versöhnung der Deutschen mit den östlichen Nachbarn zeigt. Aus Protest gegen die Asylrechtsänderung tritt Grass 1993 aus der SPD aus.

1995 Abschluss des Romans *Ein weites Feld,* der in Berlin zwischen Mauerbau und Wiedervereinigung spielt und ein Panorama deutscher Geschichte von der Revolution 1848 bis zur Gegenwart zeichnet. Das Buch löst eine starke Kontroverse aus und wird von der Kritik verrissen.

1997 Grass fordert in der „Erfurter Erklärung" zur Ablösung der Regierung Kohl auf. Er ist Mit-initiator des „Willy-Brandt-Kreises" für Menschen, „die sich die Unabhängigkeit des Denkens bewahrt haben".

1999 Veröffentlichung von *Mein Jahrhundert.* Für jedes Jahr des 20. Jahrhunderts schreibt Grass eine Geschichte, die jeweils ihren eigenen Erzähler hat. Am 10. Dezember wird er mit dem Literatur-Nobelpreis für sein Lebenswerk ausgezeichnet.

2002–2005 Die Novelle *Im Krebsgang* (2002) löst in den deutschen Medien eine heftige Debatte über die Erinnerung an die deutschen Opfer des Zweiten Weltkriegs aus. Im Jahr darauf erscheint unter dem Titel *Letzte Tänze* eine Sammlung vorwiegend erotischer Gedichte und Zeichnungen. 2005 wird Grass zum Ehrendoktor der Freien Universität Berlin ernannt.

2006 Kurz vor der Veröffentlichung seiner Autobiografie „Beim Häuten der Zwiebel" gesteht Günter Grass in einem Zeitungsinterview, dass er als 17-Jähriger Mitglied der Waffen-SS war. Das späte Geständnis löst eine Welle der Empörung aus und erschüttert die moralische Autorität des Autors, wird von manchen Kommentatoren aber auch als „ehrlich und mutig" gewürdigt.

„Bin ich nun Schreiber oder Zeichner?"

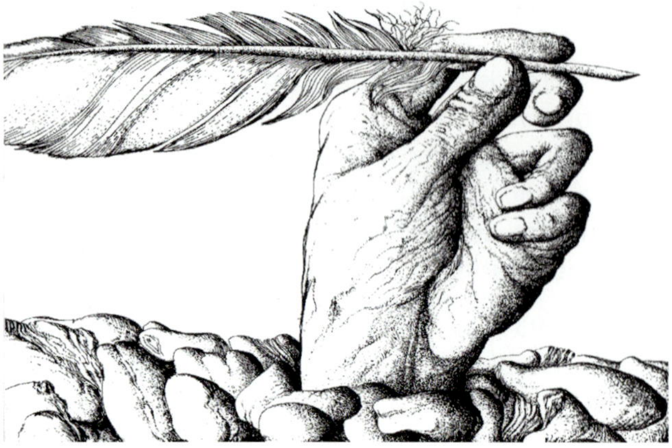

1 © Günter Grass/Steidl-Verlag

Vielleicht sind es die Ursprünge der Kunst, von der Bildersprache zur Bilderschrift, die daran erinnern, daß unsere klassische Einteilung und Abgrenzung der Künste jüngeren Datums und einzig vom akademischen Zwang geleitet ist.

Deshalb sind mir Publikumsfragen wie „Sind Sie nun zuallererst Schriftsteller oder Grafiker?" so verständlich wie lächerlich. Meine Antwort kann deshalb nur spielerisch, das heißt abseits vom ernsthaften Entweder-Oder ihre Widersprüche entwickeln.

2 © Günter Grass/Steidl-Verlag

3 © Günter Grass/Steidl-Verlag

Ich zeichne immer, auch wenn ich nicht zeichne, weil ich gerade schreibe oder konzentriert nichts tue. Und auch beim Zeichnen schreiben sich Sätze fort, die angefangen auf anderem Papier stehen. Das Schreiben hebt raffend oder verschleppend die Zeit auf. Beim Zeichnen findet sich der knappere Ausdruck. Lange bevor ich siebenhundert Seiten lang das Märchen vom Butt als Roman schrieb, habe ich den großen Plattfisch mit dem Pinsel, mit der Rohrfeder, mit spröder Kohle und mit weichem Blei gezeichnet. Und als dann der Butt als sprechender Fisch zur Welt kam und die ersten Kapitel in Entwürfen den Stoff einkreisten, [...] entstanden Radierungen in verschiedener Technik [...], die [...] der Thematik des epischen Stoffes zugehörten oder sie bis in jene Bereiche erweiterten, die der erzählenden Prosa unzugänglich und nur der Lyrik offen sind.

Gedichte und Grafiken entwickeln sich, stehen zueinander in Wechselbeziehung. Oft sind die Grafiken gezeichnete Gedichte; und viele Gedichte umschreiben Konturen, stufen Grautöne ab. [...] Mit gleichmütiger Linie hebt sie [die Zeichnung] Fremdheiten auf, [...] sie macht das Niegehörte sichtbar.[1]

[1] Auszug aus: G. Grass: Bin ich nun Schreiber oder Zeichner? In: Ders.: Wenn ich Pilze und Federn sammle. Ein Lesebuch. Hg. v. H. Frielinghaus. Göttingen 2005, S. 13. Die drei Grafiken von Grass entstammen: 1. Titelbild zu G. Grass: „Das Treffen in Telgte"; 2. G. Grass: Lyrische Beute. Göttingen 2004, S. 194; 3. ebd., S. 203

Günter Grass – ein engagierter Dichter?

1. Was erwarten Sie von einem „engagierten" Dichter? Definieren Sie den Begriff und schreiben Sie Ihre Erwartungen auf.

2. Lesen Sie das Gedicht *Drei Fragen* von Günter Grass. Inwiefern handelt es sich um ein „engagiertes" Gedicht?

Drei Fragen

Wie kann ich,
wo uns Entsetzen in Blei gießen sollte,
lachen,
beim Frühstück schon lachen?
Wie sollte ich,
wo Müll, nur noch der Müll wächst,
von Ilsebill, weil sie schön ist,
und über die Schönheit reden?
Wie will ich,
wo die Hand auf dem Foto
bis zum Schluß ohne Reis bleibt,
über die Köchin schreiben:
wie sie Mastgänse füllt?

Die Satten treten in den Hungerstreik.
Der schöne Müll.
Das ist zum Kaputtlachen ist das.

Ich suche ein Wort für Scham.

Aus: Günter Grass: Wenn ich Pilze und Federn sammle. Ein Lesebuch.
Hg. von Helmut Frielinghaus. Göttingen: Steidl 2005, S. 107

3. Schreiben Sie eine Gedicht-Variation, indem Sie Ihre drei Fragen in Versform bringen und am Ende wie Günter Grass eine kurze Schluss-Strophe anfügen.

4. Lesen Sie Grass' Gedicht *Drei Fragen* der Klasse vor, kommentieren Sie es und lesen Sie anschließend Ihr eigenes Parallelgedicht vor.

Drei Gedichte von Günter Grass

Nächtliches Stadion

Langsam ging der Fußball am Himmel auf.
Nun sah man, daß die Tribüne besetzt war.
Einsam stand der Dichter im Tor,
doch der Schiedsrichter pfiff: Abseits.

Familiär

In unserem Museum – wir besuchen es jeden Sonntag –
hat man eine neue Abteilung eröffnet.
Unsere abgetriebenen Kinder, blasse, ernsthafte Embryos,
sitzen dort in schlichten Gläsern
und sorgen sich um die Zukunft ihrer Eltern.

Im Ei

Wir leben im Ei.
Die Innenseite der Schale
haben wir mit unanständigen Zeichnungen
und den Vornamen unserer Feinde bekritzelt.
Wir werden gebrütet.

Wer uns auch brütet,
unseren Bleistift brütet er mit.
Ausgeschlüpft eines Tages,
werden wir uns sofort
ein Bildnis des Brütenden machen.

Wir nehmen an, dass wir gebrütet werden.
Wir stellen uns ein gutmütiges Geflügel vor
und schreiben Schulaufsätze
über Farbe und Rasse
der uns brütenden Henne.

Wann schlüpfen wir aus?
Unsere Propheten im Ei
streiten sich für mittelmäßige Bezahlung
über die Dauer der Brutzeit.
Sie nehmen einen Tag X an.

Aus Langeweile und echtem Bedürfnis
haben wir Brutkästen erfunden.
Wir sorgen uns sehr um unseren Nachwuchs im Ei.
Gerne würden wir jener, die über uns wacht,
unser Patent empfehlen.

Wir aber haben ein Dach überm Kopf.
Senile Küken,
Embryos mit Sprachkenntnissen,
reden den ganzen Tag
und besprechen noch ihre Träume.

Und wenn wir nun nicht gebrütet werden?
Wenn diese Schale niemals ein Loch bekommt?
Wenn unser Horizont nur der Horizont
unserer Kritzeleien ist und auch bleiben wird?
Wir hoffen, daß wir gebrütet werden.

Wenn wir auch nur vom Brüten reden,
bleibt doch zu befürchten, daß jemand,
außerhalb unserer Schale, Hunger verspürt,
uns in die Pfanne haut und mit Salz bestreut. –
Was machen wir dann, ihr Brüder im Ei?

Günter Grass: Gedichte. Stuttgart 1985, S. 18f. (*Nächtliches Stadion* und *Familiär*)
sowie ders.: Lyrische Beute. Göttingen 2004, S. 51f. *(Im Ei)*

Pressemitteilung der Schwedischen Akademie vom 30. September 1999

Der Nobelpreis in Literatur 1999

für Günter Grass

„Weil er in munterschwarzen Fabeln das vergessene Gesicht der Geschichte gezeichnet hat"

Als Günter Grass 1959 *Die Blechtrommel* herausgab, war es, als wäre der deutschen Literatur nach Jahrzehnten sprachlicher und moralischer Zerstörung ein neuer Anfang vergönnt worden. Auf den Seiten dieses seinen ersten Romans wurde eine verlorene Welt wiedererschaffen, die der Nährboden seines schriftstellerischen Werkes gewesen war, die Heimatstadt Danzig, wie sie Grass aus seinen frühen Jahren vor der Katastrophe des Krieges erinnerte. Hier nahm er sich der großen Aufgabe an, die Geschichte seiner Zeit dadurch zu revidieren, dass er das Verleugnete und Vergessene wieder heraufbeschwor: die Opfer, die Verlierer und die Lügen, die das Volk vergessen wollte, weil es einmal daran geglaubt hatte. Gleichzeitig sprengt das Buch dadurch den Rahmen des Realismus, dass es Hauptgestalt und Erzähler eine teuflische Intelligenz in dem Körper eines Dreijährigen sein lässt, ein Monstrum, das sich der Menschlichkeit mithilfe einer Spielzeugtrommel bezwingend nähert. [...] Man wagt die Vermutung, dass *Die Blechtrommel* zu den bleibenden literarischen Werken des zwanzigsten Jahrhunderts gehören wird.

Günter Grass hat sich als „Spätaufklärer" bekannt in einer Zeit, die der Vernunft müde geworden ist. Er fabuliert und hält gelehrte Vorträge, er fängt Stimmen auf und monologisiert dreist, er ahmt nach und schafft gleichzeitig eine ironische Mundart, die nur er beherrscht. Durch seine Macht über die deutsche Syntax und seine Bereitschaft, ihre labyrinthischen Feinheiten zu nutzen, erinnert er an Thomas Mann. Sein schriftstellerisches Werk ist ein Dialog mit dem großen Erbe deutscher Bildung, der mit sehr strenger Liebe geführt wird.

Nach der *Blechtrommel* kehrte Grass in zwei untereinander sehr unterschiedlichen Werken zum Thema Danzig zurück. Die straffe Erzählung *Katz und Maus* zeigt, wie die magische Freundschaft der Knabenjahre untergeht, als die Kriegsspiele auf den wirklichen Krieg treffen. Die *Hundejahre* sind Grass' modernistischstes Werk, ein Text ohne bestimmbares Zentrum, ein Raum für Stimmen und ein Treffpunkt für Fieberträume, die, wie sich zeigt, mit dem Leben zusammenfallen.

In anderen Romanen wählte Grass eine eher diskursive Linie und plädierte für den Zweifel und den guten Willen. In der öffentlichen Debatte seines Heimatlands ist er Kraftquell und Fels des Ärgernisses, aber für literarische Größen draußen in der Welt wie García Márquez, Rushdie, Gordimer, Lobo Antunes und Kenzaburo Oe ein bewunderter Vorgänger.

Der Roman *Der Butt* bedeutete die Rückkehr des großen Stils in sein schriftstellerisches Werk in Form einer Weltgeschichte, die vollgestopft ist mit wahren Schnurren und hitzigen ideologischen Diskussionen. Grass stellt die Entwicklung der Zivilisation dar als einen Kampf zwischen verheerenden männlichen Träumen von Größe und weiblicher Kompetenz. Der Ausgang ist ungewiss. [...]

Die beiden Hauptgestalten in *Ein weites Feld*, der ewige Humanist und der ewige Spitzel, setzen vor dem Hintergrund des wilhelminischen Deutschland und der heutigen Bundesrepublik das Verhältnis der künstlerischen Fantasie zur Staatsmacht in Szene. Das Buch war ein Zankapfel der deutschen Literaturkritik, aber befestigte die Stellung des Schriftstellers als desjenigen, der die großen Fragen an die Geschichte unseres Jahrhunderts stellt. Sein letztes Buch *Mein Jahrhundert* ist ein Kommentar, der das zwanzigste Jahrhundert fortlaufend begleitet und einen besonderen Scharfblick für den verdummenden Enthusiasmus zeigt. Der Spatenstich des Günter Grass in die Vergangenheit gräbt tiefer als der der meisten, und er findet, wie die Wurzeln des Guten und Bösen miteinander verschlungen liegen. [...]

1. Wie begründet die Schwedische Akademie den Literatur-Nobelpreis für Günter Grass? Fassen Sie die wichtigsten Argumente stichwortartig zusammen.

2. Welche der genannten Verdienste von Grass treffen auch auf die Novelle *Im Krebsgang* zu?

3. Stellen Sie sich vor, der Nobelpreis wäre Günter Grass erst 2003 verliehen worden. Setzen Sie die Pressemitteilung fort, indem Sie einen Absatz zum *Krebsgang* hinzufügen.

Bilder für die Gestaltung alternativer Buchumschläge

Der Untergang der *Gustloff*

Fotoalbum eines Schiffspassagiers

Ein neuer Buchumschlag

Gestalten Sie einen neuen Buchumschlag für die Novelle *Im Krebsgang*, indem Sie

a) aus dem beiliegenden Bildmaterial ein neues Titelbild auswählen *oder* ein eigenes Titelbild (eventuell eine Collage) entwerfen und
b) einen neuen Buchtitel formulieren (mit dickem Filzstift auf den Farbkarton schreiben).

Diskutieren Sie, welches Bild und welcher Titel am besten zu der Novelle passen. Entscheiden Sie, welches Gruppenmitglied das Ergebnis (mit Begründung!) später an der Tafel präsentiert.

Das Original-Buchcover der Novelle *Im Krebsgang*

Die Flucht aus Ostpreußen

Gruppenpuzzle zur Flucht vor der Roten Armee

1. Bilden Sie Vierer-Gruppen, da das Thema unter vier verschiedenen Aspekten behandelt werden soll.
2. Die Ausgangsgruppe nennt sich **„Stammgruppe"**.
3. Einigen Sie sich in Ihrer Stammgruppe auf je einen „Experten" für jeden Aspekt. Folgende Expertenthemen stehen zur Auswahl:
   a) Flucht und Vertreibung der Deutschen im und nach dem Zweiten Weltkrieg
   b) Verlauf und Umstände der Flucht aus Ostpreußen
   c) Was geschah im ostpreußischen Nemmersdorf?
   d) Die Evakuierungsoperation „Hannibal"
4. Jeder Experte studiert sein Material in Stillarbeit.
5. Erarbeiten Sie jetzt mit den Experten der anderen Gruppen Ihr Thema in den **„Expertengruppen"**, indem Sie die Aufgaben gemeinsam besprechen und bearbeiten. Notieren Sie Ihre Ergebnisse.
6. Kommen Sie wieder in Ihren Stammgruppen zusammen und tauschen Sie Ihre Ergebnisse aus. Am Schluss dieser Phase müssen alle über das, was in den Expertenteams erarbeitet wurde, informiert sein.
   Zur Ergebnissicherung dient der Auswertungsbogen, den jeder ausfüllen soll.

Der Ablauf einer Gerichtsverhandlung

Der Ablauf einer Hauptverhandlung in einem Strafverfahren unterliegt einem genau vorgeschriebenen Schema:

Verhandlungsschritt:	Beteiligte:
1. **Aufruf zur Sache**	Richter
2. **Feststellung der Anwesenheit der geladenen Personen**	Richter
3. **Vernehmung des Angeklagten zur Person**	Richter
4. **Verlesung der Anklageschrift**	Staatsanwalt
5. **Vernehmung des Angeklagten zur Sache**	Richter
6. **Beweisaufnahme durch a) Staatsanwalt und b) Verteidiger**	Zeugen/Gutachter
7. **Plädoyer**	Staatsanwalt
8. **Plädoyer**	Verteidigung
9. **Letztes Wort**	Angeklagter
10. **Urteilsberatung**	Gericht
11. **Urteilsverkündung „im Namen des Volkes“**	Richter
12. **Urteilsbegründung und Schluss**	Richter

Die Teilnehmer einer Gerichtsverhandlung

Staatsanwalt
- führt die Klage, verliest die Anklageschrift
- kann Angeklagte und Zeugen befragen
- hält ein Plädoyer
- fordert eine Strafe

Verteidiger
- vertritt den/die Angeklagten
- kann Zeugen befragen
- hält ein Plädoyer
- fordert eine Strafe oder Freispruch

Richter
- leitet den Prozess
- befragt Angeklagte und Zeugen
- spricht das Urteil im Namen des Volkes

Angeklagter
- wird von Richter, Staatsanwalt und Verteidiger vernommen
- hat vor dem Urteil das letzte Wort

Zeuge
- gibt auf Nachfrage Auskunft über das Geschehen

Sachverständige Gutachter
- werden von Richter, Staatsanwalt und Verteidiger als Experten vernommen

Die Sitzordnung in der Gerichtsverhandlung:

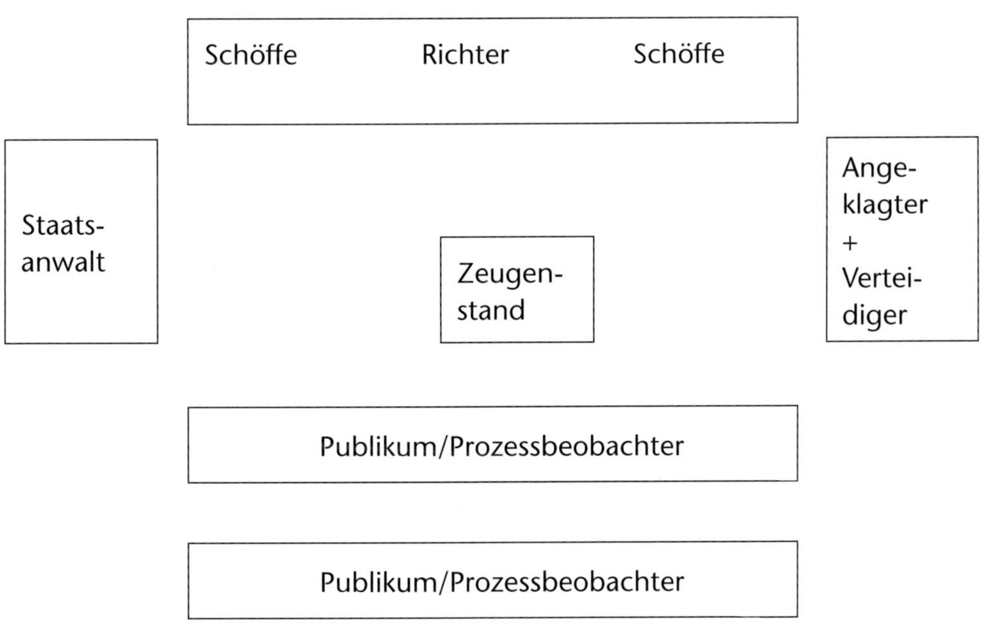

Juristische Grundlagen

Muster für eine Anklageschrift

Staatsanwaltschaft Schwerin — Schwerin, den

An das Landesgericht Schwerin

Anklageschrift

Der am 15.5.1979 in Karlsruhe geborene, in Essen, Schillerplatz 18 wohnhafte verheiratete Industriemechaniker

Hans Seidel

– Verteidiger Rechtsanwalt K. Binder, Karlsruhe –
wird angeschuldigt, er habe einen anderen Menschen durch Schläge in das Gesicht körperlich misshandelt.

Die Staatsanwaltschaft geht von folgendem Sachverhalt aus:
In seiner Eigenschaft als Beamter der Bahnpolizei hat der Angeklagte am 15.1.2003 gegen 17.15 Uhr die Bahnhofsgaststätte des Karlsruher Hauptbahnhofs betreten und dort dem leicht angetrunkenen Hilfsarbeiter Herbert Weiss, der andere Gäste beleidigt habe, ohne rechtfertigenden Grund zwei Schläge ins Gesicht versetzt. Er habe somit als Amtsträger während der Ausübung seines Dienstes einen anderen misshandelt. Vergehen, strafbar nach §§ 340, 223 Strafgesetzbuch.
Es wird beantragt, die Anklage zuzulassen und das Hauptverfahren vor dem Strafrichter zu eröffnen.

(Nach: Dietrich Rahn: Mustertexte zum Strafprozeß. München: Beck [4]1987, S. 34f.)

- *Verfassen Sie nach diesem Muster eine Anklageschrift gegen Konrad Pokriefke. Schildern Sie den Sachverhalt möglichst genau. Stützen Sie sich bei der Begründung auf folgende juristische Grundlagen:*

„Mord" und „Totschlag" nach StGB 211 und 212

Nach dem deutschen Strafgesetzbuch (StGB) wird **Mord** als Straftatbestand in § 211 folgendermaßen definiert:

„Mörder ist, wer aus Mordlust, zur Befriedigung des Geschlechtstriebs, aus Habgier oder sonst aus niedrigen Beweggründen heimtückisch oder grausam oder mit gemeingefährlichen Mitteln oder um eine Straftat zu ermöglichen oder zu verdecken einen Menschen tötet."

Ein Tötungsdelikt ist nur dann als Mord einzuordnen, wenn es sich um eine vorsätzliche Tötung eines anderen Menschen unter besonderen Umständen handelt. Kennzeichen eines Mordes sind in der Regel ein besonderes Motiv, die Hinterlist oder ein planvolles Vorgehen. Die besonderen Umstände können in jeder Rechtsordnung unterschiedlich umschrieben sein. In der deutschen Rechtsprechung gilt folgende Regelung:

a) Niedrige Beweggründe: Darunter fallen Motive, die sittlich auf niedrigster Ebene angesiedelt sind und nach allgemein anerkannten Wertmaßstäben besonders verwerflich oder verachtenswert sind, z. B. Neid, Rassenhass und Rachsucht. Verhaltensweisen wie Wut und Eifersucht sind dann niedrige Beweggründe, wenn die Motive, auf die sie sich gründen, als niedrige Beweggründe einzustufen sind, also wenn z. B. Grund der Eifersucht eine erhebliche Eigensucht ist.

b) Heimtücke: Der Mörder nutzt die Arg- und Wehrlosigkeit des Opfers bewusst zur Tötung aus und geht gegen dieses in feindlicher Willensrichtung vor. Arglos ist derjenige, der sich im Moment der Tat keines Angriffs bewusst ist. Die Wehrlosigkeit ist Folge der Arglosigkeit, da die Verteidigungsbereitschaft und -möglichkeit eines arglosen Opfers eingeschränkt ist.

c) Gemeingefährliche Mittel: Mittel sind dann gemeingefährlich, wenn sie geeignet sind, Leib und Leben mehrerer Menschen zu gefährden. Die Gefahr beschränkt sich also nicht nur auf eine Einzelperson, sondern wird auf die Allgemeinheit ausgeweitet. Beispiele sind u. a. der Einsatz von Sprengstoff, mehrere, unkontrollierte Schüsse aus einer Waffe oder Feuer in der Nähe einer Menschenmenge.

Nach § 211 StGB wird Mord mit lebenslanger; im Jugendstrafrecht mit maximal 10 Jahren Freiheitsstrafe bestraft.

Als minder schwerer Straftatbestand gilt der **Totschlag**. Er wird in § 212 StGB unter Strafe gestellt. Er unterscheidet sich vom Mord durch das Fehlen von täterbezogenen (z. B. niedrige Beweggründe wie Habgier) oder tatbezogenen (z. B. Heimtücke) Mordmerkmalen. Dem Täter droht eine Freiheitsstrafe von nicht unter fünf Jahren, in besonders schweren Fällen aber ebenfalls eine lebenslange Freiheitsstrafe. Zentrales Merkmal ist der Taterfolg, also die Verursachung des Todes eines anderen Menschen.

In § 213 StGB findet sich der **minder schwere Fall des Totschlags**. Er ermöglicht eine mildere Bestrafung desjenigen, der zu dem Totschlag ohne eigene Schuld durch eine ihm oder einem Angehörigen gegenüber begangene Misshandlung oder schwere Beleidigung zum Zorn gereizt und auf der Stelle zur Tat hingerissen wurde.

Was ist Rechtsextremismus?

Zu den wichtigsten Merkmalen rechtsextremer Vorstellungen zählen:

- **Negierung universeller und vorstaatlicher Freiheits- und Gleichheitsrechte.** Abgelehnt werden insbesondere die für alle Menschen gleichen Rechte auf Leben und körperliche Unversehrtheit, auf Freiheit, Freizügigkeit und soziale Sicherheit, auf Gedanken-, Gewissens- und Religionsfreiheit, auf freie Meinungsäußerung und das Recht auf Versammlungs-, Vereinigungs- und Koalitionsfreiheit. Abgelehnt werden damit jene Grundrechte, die als Grundlage der freiheitlich demokratischen Grundordnung (FDGO) verstanden werden.

- **Übersteigerter Nationalismus**, meist in Kombination mit einer ablehnenden Haltung gegenüber anderen Staaten oder Völkern. Im Extremfall resultiert daraus das Bild einer äußeren Bedrohung. Dieses dient Rechtsextremen als Rechtfertigung für innere Formierungs- und Gleichschaltungsabsichten und für expansionistische oder „revisionistische" Ziele.

- **Etablierung einer** — mit ihrem Anspruch nach alle gesellschaftlichen Bereiche umfassend integrierenden — **Einheitsorganisation als Staatsgewalt.** Damit einher geht die anti-institutionelle Vorstellung der Einschränkung bis hin zum Verbot von Organisationen und Institutionen wie Parteien, Verbänden und Gewerkschaften. Sie werden als Teil des politischen und parlamentarischen Systems, das auf Volkssouveränität und Mehrheitsprinzip basiert, bekämpft. Davon zu unterscheiden sind, trotz fließender Übergänge, autoritäre Herrschaftsformen, die zwar Parteien, Verbände und Parlamente tolerieren, ihnen jedoch kaum wirkliche Kontroll- und Mitspracherechte gegenüber einer fast unumschränkt herrschenden Exekutive einräumen.

- Verständnis der **Gesellschaft als** eine angeblich der natürlichen Ordnung entsprechende **organische oder völkische Gemeinschaft.** In diesem Gegenmodell zur Demokratie verschmelzen Volk und Staat zu einer mystischen Einheit (z. B. „das Reich"). Diese manifestiert sich meist in völkischen bzw. rassistischen Ideologiefragmenten und vielfach auch in der Vorstellung einer Führer-Person.

Aus: Rechtsextremismus im Internet. Recherchen, Analysen, pädagogische Modelle zur Auseinandersetzung mit dem Rechtsextremismus. [CD-ROM]. Hg. v. der Bundeszentrale für politische Bildung. 2. Auflage 2004

In der Videothek. Auftrag für eine szenische Improvisation

Konrad leiht einen Film über die *Gustloff* aus. An der Kasse trifft er seinen Vater. Es kommt zum Streit zwischen Vater und Sohn.
Improvisieren Sie das Streitgespräch mit verteilten Rollen.

Filmplakat

Illustrierte
Film-Bühne
VEREINIGT MIT Illustr. Film-Kurier
Nr. 05185
NACHT
fiel über Gotenhafen
DFH

Literaturkritik

Grass-Porträt/Kopiervorlage für Puzzle

© dpa

Klausurvorschläge

1. Vorschlag: Textgrundlage: Kap. 1, S. 7–9 *(bis: „[...] Ja und Amen gesagt").*

1. Lesen Sie den Novellenanfang und charakterisieren Sie, ausgehend von den ersten Sätzen, die Figur des Ich-Erzählers. Greifen Sie für die Charakterisierung dann auf weitere Textstellen oder Informationen aus der Novelle zurück.
2. Worin besteht die Funktion des namenlosen „Jemand"? Gehen Sie auf die Absichten und Gedanken dieser Figur ein und machen Sie dabei deutlich, warum Günter Grass sie eingeführt hat.
3. Erläutern Sie das Erzählen „im Krebsgang" anhand selbst gewählter Beispiele und legen Sie dar, welche Funktionen diese Erzähltechnik in der Novelle hat.

2. Vorschlag: Textgrundlage: S. 175 (Ende des 7. Kapitels)

1. Ordnen Sie die Szene in den Handlungszusammenhang ein und bestimmen Sie ihren Stellenwert innerhalb der Novelle.
2. Analysieren Sie die Ursachen für Konrads Mordtat *oder* schreiben Sie einen inneren Monolog, welcher an Konrads Satz „Ich habe geschossen, weil ich Deutscher bin" anschließt und die Ursachen seiner Mordtat verdeutlicht.
3. Erläutern Sie die erzähltechnische Titelmetapher „Im Krebsgang" anhand selbst ausgewählter Beispiele und legen Sie dar, welche Funktion diese Erzähltechnik in der Novelle hat.

3. Vorschlag: Textgrundlage: Kap. 9, S. 210f.: *„Was tun, wenn der Sohn [...] von letzter Konsequenz."*

1. Skizzieren Sie die für das Verständnis dieser Textstelle notwendigen inhaltlichen Voraussetzungen.
2. Interpretieren Sie die Textstelle vor dem Hintergrund des Vater-Sohn-Verhältnisses.
3. Erläutern Sie die Bedeutung des Internets in der Novelle und in der rechtsextremistischen Szene.

4. Vorschlag: Textgrundlage: Kap. 9, S. 215f.: *„Zu den verschwundenen Fotos sagte ich nichts [...] Auch gab es keinen David mehr."*

1. Skizzieren Sie die für das Verständnis dieser Textstelle notwendigen inhaltlichen Voraussetzungen.
2. Nachdem sein Vater gegangen ist, schreibt Konrad ihm einen Brief, in dem er ihm erklärt, warum er das Modellschiff zerstört hat. Schreiben Sie diesen Brief.
3. Klären Sie die Identität der „jemand" genannten Figur und begründen Sie ihren Auftritt in der Novelle.

5. Vorschlag:

Als Gerichtsreporter erhalten Sie den Auftrag, über den Prozess gegen Konrad Pokriefke vor dem Schweriner Landgericht für eine seriöse überregio-nale Tageszeitung zu berichten. Schreiben Sie diesen Bericht.

Bei allen Klausurvorschlägen darf die Textausgabe verwendet werden.

Folgende Themen eignen sich für **Facharbeiten/Referate:**

- Die Entwicklung der Figur Tulla Pokriefke in der „Danziger Trilogie"— Herkunft/Kindheit und Jugend in der NS-Zeit. (Hierzu müssen die Novelle *Katz und Maus* und der Roman *Hundejahre* herangezogen werden.)
- Günter Grass' Werk *Mein Jahrhundert.* Aufbau, Vorstellung einzelner Kapitel (insbesondere die Jahre 1933–45, 1989–1999). Wie beschreibt Grass die NS-Ära, wie die Zeit nach der Wende von 1989?
- Günter Grass' Autobiografie *Beim Häuten der Zwiebel* und sein spätes Eingeständnis, in den letzten Kriegswochen Mitglied der Waffen-SS gewesen zu sein. Wie begründet Grass sein langes Schweigen über diese Mitgliedschaft? Wie reagiert die Öffentlichkei auf das Eingeständnis? Wie beurteilen Sie selbst Grass' moralische Position nach diesem Eingeständnis?

(Quellen: DER SPIEGEL Nr. 34/21.8.2006; FAZ vom 11.08.2006; G.G.: Beim Häuten der Zwiebel. Göttingen: S. Steidl 2006)

Falls eine historische Kontextualisierung im Unterricht nicht geleistet werden kann:

- Flucht und Vertreibung aus Ostpreußen im Winter 1944/45 (Verlauf der Evakuierung, Zahlen, Umstände, Zeugenberichte).
- Die NS-Freizeitorganisation „Kraft durch Freude": Struktur, Ziele, Propaganda.

„Es war mir immer präsent"

Wie sich Günter Grass vorige Woche im Gespräch mit dem Fernsehjournalisten Ulrich Wickert („Wickerts Bücher", ARD) über sein spätes Eingeständnis und seine Jugendzeit äußerte – Auszüge

Wickert: Wir sind hier in einem Hotel in Dänemark, denn in Dänemark hat Günter Grass die erste Fassung seiner Autobiografie geschrieben. Der Autor steht in der Kritik, weil er in diesem Buch zum ersten Mal offenbart, dass er am Ende des Krieges Soldat bei der Waffen-SS war. Willkommen Herr Grass! Warum jetzt erst?

Grass: Das lag bei mir begraben. Ich kann die Gründe nicht genau nennen. Es hat mich immer beschäftigt, es war immer präsent, und ich war der Meinung, dass das, was ich tat, als Schriftsteller, als Bürger dieses Landes, was all das Gegenteil dessen bedeutete, was mich in meinen jungen Jahren während der Nazi-Zeit geprägt hat, dass das ausreicht. Ich war mir auch keiner Schuld bewusst. Ich bin zur Waffen-SS gezogen worden, war an keinem Verbrechen beteiligt, hatte aber immer das Bedürfnis, eines Tages darüber in einem größeren Zusammenhang zu berichten. Und das hat sich jetzt erst ergeben, indem ich meine inneren Widerstände überwunden habe, überhaupt autobiografisch zu schreiben, und diese meine jungen Jahre zum Thema gemacht habe. Es reicht von meinem zwölften Lebensjahr bis zu meinem dreißigsten Lebensjahr. Und in diesem größeren Zusammenhang konnte ich offen darüber sprechen.

Wickert: Nun ist die Kritik groß. Die Präsidentin des Zentralrats der Juden, Frau Knobloch, sagt, mit diesem Bekenntnis hätten Sie eigentlich Ihre früheren Reden ad absurdum geführt, und man denkt natürlich ganz schnell an Bitburg, wo sie Bundeskanzler Kohl und dem amerikanischen Präsidenten Reagan vorgeworfen haben, auf einen Friedhof zu gehen, auf dem Soldaten von der Waffen-SS lagen.

Grass: Das, was mich an dem Vorgang empört hat, war dieses Benutzen der Toten. Das ist wie ein Propagandaakt gewesen, was das dargestellt hat, und daher kam meine Kritik. Was Frau Knobloch dazu sagt, das ist ihr gutes Recht. Also, ich will das auch nicht in Zweifel stellen, dass man das durchaus kritisieren kann, dass ich erst jetzt darüber öffentlich spreche. [...] Und im Übrigen kann ich nur darauf hoffen, dass Frau Knobloch die Zeit findet, mein Buch zu lesen, denn innerhalb dieses Zeitraums, den ich schildere – meine jungen Jahre – spielt das zwar eine Rolle, aber die weit kritischeren Fragen stelle ich mir in einem ganz anderen Zusammenhang. Dass ich zum Beispiel in meiner Verblendung als Jungvolk-Hitlerjunge zu bestimmten Situationen im engeren Kreis, auch zum Beispiel im Familienkreis, nicht Fragen gestellt habe, nicht die richtigen Fragen gestellt habe...
Ein Onkel aus meiner Familie war polnischer Postbeamter bei der polnischen Post in Danzig und gehörte zu den Verteidigern der polnischen Post und ist nach der Kapitulation dieser Post von den Deutschen standrechtlich erschossen worden. Auf einmal war der nicht mehr in der Familie da, wir durften nicht mehr mit den Kindern spielen. Meine Eltern haben sich da durchaus opportunistisch verhalten, und ich habe keine Fragen gestellt. Das sind die Dinge, die mir eigentlich, die mich mehr und stärker beschäftigt haben als das, in was ich hineingeraten – ohne mein Zutun, was die Waffen-SS betraf. Hier ist die Frage zu stellen, und das ist der Versuch meines Buches, und das ist ja nicht einfach, sich diesem 12-, 13-, 14-, 15-, 16-jährigen Jungen, der mir in vielen Verhaltensweisen fremd geworden ist, wieder zu nähern... [...]

Wickert: Ich habe in Ihrem Gesamtwerk eine sehr wichtige Rede gefunden, die „Rede von der Gewöhnung", die Sie 1967 in Israel halten. Und da schreiben Sie, was Sie ja nie verheimlicht haben, dass Sie als 14-Jähriger Hitlerjunge waren, dass Sie als 16-Jähriger Soldat wurden; mit 17 waren Sie schon Gefangener. Hätten Sie da nicht sagen können: Ich war Soldat bei der Waffen-SS?

Grass: Ja, hätte ich sagen können. Ich meine, das ist jetzt leicht gesagt, und das ist auch die Frage, die ich mir selber stelle. Ich hab das ja in meinem Buch – auch dieses Schweigen von mir – zum Thema gemacht. [...]

Wickert: Sie sagen, nichts konnte die Last erleichtern. Sie hätten sie erleichtern können, wenn Sie es einfach mal gesagt hätten!

Grass: Ja, das habe ich jetzt mit dem Buch getan. Das kann man sagen: zu spät oder sehr spät. Ich war erst jetzt in der Lage, das so zu machen, und wer richten will, mag richten. Nur, was ich jetzt, zurzeit, erlebe, das soll mich zu einer Unperson machen und all das im Nachhinein infrage stellen, was mein späteres Leben ausgemacht hat, und dieses spätere Leben war unter anderem auch von dieser Scham gezeichnet und von einem permanenten Versuch, der bis heute nie aufhören wird.

Wickert: War das vielleicht auch Motiv für Sie, dadurch, dass Sie dieses Tabu immer noch in sich getragen haben, dass Sie gesagt haben, dieses motiviert mich zum Schreiben über gewisse Themen?

Grass: Ganz gewiss ja! Nun gut, ich weiß nicht, ob es da zusätzlicher Motivation bedurfte, aber bestärkt hat es mich ganz gewiss... [...]

In: DER SPIEGEL 34/2006, S. 67–68

- *Grass' spätes Eingeständnis bezieht sich auf seine Mitgliedschaft in der „Waffen-SS". Informieren Sie sich über diese NS-Organisation und stellen Sie kurz ihre Funktion dar.*
- *"Warum erst jetzt?", fragt der Erzähler in der Novelle Im Krebsgang. Ulrich Wickert stellt Grass dieselbe Frage. Wie begründet Grass sein langes Schweigen?*
- *Warum hat das Eingeständnis von Grass eine Welle der Empörung ausgelöst? Was kann man Grass vorwerfen?*
- *Grass ist nach seinem Eingeständnis aufgefordert worden, den Literatur-Nobelpreis zurückzugeben. Nehmen Sie zu dieser Foderung begründet Stellung.*
- *Hat Grass durch das verspätete Geständnis seine moralische Autorität verloren? Begründen Sie Ihre Antwort.*

EinFach Deutsch

Unterrichtsmodelle

Herausgegeben von Johannes Diekhans

Ausgewählte Titel der Reihe:

Unterrichtsmodelle – Klassen 5–7

Germanische und deutsche Sagen
91 S., DIN A4, kart. Best.-Nr. 022337

Otfried Preußler: Krabat
131 S., DIN A4, kart. Best.-Nr. 022331

Unterrichtsmodelle – Klassen 8–10

Gottfried Keller: Kleider machen Leute
64 S., DIN A4, geh. Best.-Nr. 022326

Das Tagebuch der Anne Frank
112 S., DIN A4, kart. Best.-Nr. 022272

Friedrich Schiller: Wilhelm Tell
90 S., DIN A4, geh. Best.-Nr. 022301

Unterrichtsmodelle – Gymnasiale Oberstufe

Das Nibelungenlied
178 S., DIN A4, kart. Best.-Nr. 022437

Mittelalter
122 S., DIN A4, kart. Best.-Nr. 022377

Barock
152 S., DIN A4, kart. Best.-Nr. 022418

Zeitalter der Aufklärung
198 S., DIN A4, kart. Best.-Nr. 022330

Romantik
155 S., DIN A4, kart. Best.-Nr. 022382

Literatur vom Vormärz bis zur Jahrhundertwende
202 S., DIN A4, kart. Best.-Nr. 022435

Expressionismus
141 S., DIN A4, kart. Best.-Nr. 022384

Liebeslyrik
244 S., DIN A4, kart. Best.-Nr. 022381

Lyrik nach 1945
191 S., DIN A4, kart. Best.-Nr. 022379

Literatur seit 1945
197 S., DIN A4, kart. Best.-Nr. 022386

Klassische Kurzgeschichten
170 S., DIN A4, kart. Best.-Nr. 022402

Die Kurzgeschichte auf dem Weg ins 21. Jahrhundert
132 S., DIN A4, kart. Best.-Nr. 022396

Die Stadt
190 S., DIN A4, kart. Best.-Nr. 022390

Kommunikation
109 S., DIN A4, kart. Best.-Nr. 022371

Rhetorik
131 S., DIN A4, kart. Best.-Nr. 022411

Sprache – Denken – *(Medien-)*Wirklichkeit
262 S., DIN A4, kart. Best.-Nr. 022412

Sprachursprung – Sprachskepsis – Sprachwandel
274 S., DIN A4, kart. Best.-Nr. 022455

Dramentheorie
186 S., DIN A4, kart. Best.-Nr. 022433

Georg Büchner: Woyzeck
115 S., DIN A4, kart. Best.-Nr. 022313

Theodor Fontane: Effi Briest
140 S., DIN A4, kart. Best.-Nr. 022409

Johann Wolfgang von Goethe: Faust I
145 S., DIN A4, kart. Best.-Nr. 022277

Johann Wolfgang von Goethe: Iphigenie auf Tauris
104 S., DIN A4, kart. Best.-Nr. 022307

Schöningh Verlag
Postfach 2540
33055 Paderborn

Schöningh

Fordern Sie unseren Prospekt zur kompletten Reihe an:
Informationen 0800 / 18 18 787 (freecall)
info@schoeningh.de / www.schoeningh-schulbuch.de